ŒUVRES COMPLÈTES DE J. MIC...

LETTRES INÉDITES

ADRESSÉES A

Mlle MIALARET

(Mme MICHELET)

PARIS
ERNEST FLAMMARION, ÉDITEUR
26, RUE RACINE, PRÈS L'ODÉON

Tous droits réservés.

LETTRES INÉDITES

ŒUVRES COMPLÈTES DE J. MICHELET

LETTRES INÉDITES

ADRESSÉES A

Mlle MIALARET

(Mme MICHELET)

PARIS
ERNEST FLAMMARION, ÉDITEUR
26, RUE RACINE, PRÈS L'ODÉON

Tous droits réservés.

AVANT-PROPOS

Mme Michelet a été brusquement enlevée par la mort, le 2 avril 1899, avant d'avoir achevé de corriger les épreuves de ce volume et d'en écrire la préface. Nous avons pu en reconstituer la plus grande partie avec les manuscrits qu'elle a laissés. Il n'y manque qu'une conclusion. Nous avons pensé que la piété due à un ouvrage d'une nature si intime et si exceptionnelle nous interdisait de rien ajouter aux pages écrites par Mme Michelet. Elles expliquent suffisamment pourquoi et dans quelles conditions la publication de ces lettres a été entreprise.

G. Monod.

PRÉFACE

POURQUOI J'AI SI LONGTEMPS DIFFÉRÉ
CETTE PUBLICATION

Ces lettres, qui m'ont été écrites par M. Michelet, en 1848-49, quand j'étais jeune fille, ainsi que l'indique le titre du livre, sont toutes inédites. Je les publie tardivement pour obéir à sa volonté, et pour remplir aussi un impérieux devoir.

J'ajoute que mon mari a plusieurs fois souhaité faire lui-même cette publication.

En 1861, douze ans après notre mariage, ce fut pour se donner le bonheur de revivre cette heure de sa vie qui lui restait chère entre toutes, et dire aussi « ce qu'il me devait déjà ». Trois ans plus tard, en 1864, la même tentation lui revint, cette fois, par la douloureuse prévision de l'avenir.

Cruellement averti, il disait : « L'usage est maintenant de faire tout le contraire de la volonté des morts ». Prévision juste. Ces lettres, quoique miennes, ont failli m'être enlevées par des mains rapaces, et disparaître.

En les publiant, il les sauvait de la destruction dont il les sentait menacées et il atteignait aussi un autre but, celui de me faire à l'avance des amis, au besoin, des auxiliaires.

L'oubli, je dirai même le détachement absolu que j'avais de ma personne pour ne vivre qu'en *lui*, me rendait insouciante de ma propre destinée. Il le voyait à « mille signes touchants », et s'en attristait. Quand je n'étais pas là, il disait : « Je ne sais plus à qui la laisser ».

Dans son inquiétude, il eût voulu crier au monde : « Voilà ce qu'est celle à qui je dois, depuis quinze ans, mon renouvellement quotidien, qui m'a fait vivre dans toute ma force de production, bien au delà de ce que j'aurais cru ».

Tout mon souci était son Histoire qu'il fallait terminer. Persévérante et patiente, j'obtins qu'au moins il différât.

En septembre 1869, après avoir écrit la belle et utile préface qui est en tête des six premiers volumes du *Moyen âge*, il les reprit encore, ces chères lettres, bien résolu, cette fois, à me résister : « L'impression de ce livre m'est nécessaire, disait-il. Je dois l'avoir sur ma table, à portée de ma main, pour mon rafraîchissement journalier du hâle de l'histoire. J'y puiserai aussi, je le sens, ma dernière renaissance. »

Il était vraiment cruel de lui faire encore opposition. Mais son *XIX° Siècle*, à peine commencé lui aussi, attendait, réclamait.... Il finit par me donner raison, et retourna à son devoir d'historien.

Que cela me compte dans l'avenir.. Mieux que lui, je sentais les fils invisibles que tissaient autour de moi des mains intéressées ou jalouses, envieuses, pour m'y retenir bientôt, captive, impuissante.

Hélas! notre mutuel sacrifice ne fut qu'à moitié utile..... La mort me le prit avant qu'il n'eût achevé.

Gardant toute sa lucidité d'esprit, et sentant bien que Dieu le rappelait, il me gronda doucement de lui avoir fait ajourner cette dernière joie, de dire ce que nous avions été l'un à l'autre, dans ces vingt-cinq années d'union, et tout ce qu'il m'avait dû de bonheur.

En même temps, il me fit promettre de publier sans délai.

Dans les circonstances tragiques où je me trouvais aussitôt qu'il m'eut quittée, c'était, en effet, par là que je devais commencer.

Certainement, Paris eût lu ces lettres; et la conclusion si touchante du livre; il eût donné cent fois raison à la veuve, m'eût aidé à le faire revenir, ou plutôt, revendiquant pour lui son grand mort, Paris, où il était né et où il devait dormir son dernier sommeil, fût parti l'arracher à l'exil auquel on avait entendu le condamner. Pour obtenir sa délivrance, de quel cœur, de quel élan je lui aurais obéi !

Mais les scellés étaient apposés déjà sur la porte de notre appartement. Impossible d'en rien tirer. Alors, sans autre secours qu'une volonté forte, irréductible, je me jetai dans la lutte; deux ans durant, sans trêve d'un seul jour, je renouvelai mes appels à la justice en faveur de celui qui ne pouvait plus s'aider. Au bout de deux ans, de bons juges proclamèrent le droit qu'avait Michelet de s'appartenir, et de désigner lui-même le lieu de sa sépulture.

Il s'était remis à eux lui-même, disant à la veille d'être frappé : « Les morts sont ces *miserabiles personæ* dont les magistrats doivent se préoccuper. »

Après cette première victoire, je leur confiai aussi la protection de sa pensée. Ils la trouvèrent en bonnes mains; tous ses papiers me restèrent.

J'aurais pu alors publier et m'entourer d'une légitime auréole. Quelle femme ayant subi d'aussi cruelles épreuves ne se fût donné cette satisfaction? La chose n'était plus nécessaire, je me refusai cette satisfaction et restai fidèle à ce qui avait été jusque-là dans les habitudes de ma vie : *m'effacer*.

La séparation était si récente! Livrer à la publicité ce livre qui était *lui* encore, cela m'eût semblé le perdre une seconde fois. Ma seule consolation, le seul adoucissement à mes cuisantes souffrances, c'était de le retrouver dans ces pages écrites de sa main, toutes chaudes de sa vie, de son amour! De chercher à lire à travers mes larmes les lignes à demi effacées par les siennes. C'était comme si une résurrection mystérieuse qui s'opérait pour moi me l'avait rendu. Je l'avais seule. Rien autre ne valait ce triste bonheur.

Vingt-cinq ans ont passé sur ces événements; en les ajoutant aux vingt-cinq de notre étroite union, cela fait un demi-siècle. Aujourd'hui, dimanche 12 mars 1899, je fête en mon cœur notre *Cinquantenaire*, car, comme je l'ai dit, je ne suis point sa veuve, mais seulement « son âme attardée ».

Ceux qui m'ont vue aider à la célébration de son *Centenaire* ne me démentiront pas. Si son âme n'eût été en moi, aurais-je trouvé la belle et simple formule[1] qui en a fait une si grande chose, enlevant la France entière dans un irrésistible élan?...
La veille encore, c'était, hélas! une France profon-

---

1. J'avais dit, dans les quelques pages que j'ai écrites comme guide du centenaire : « Si Michelet était là et qu'on lui demandât ce qu'il faut faire de son centenaire pour le célébrer dignement, sa réponse serait : — « Il faut « en faire la fête de la France. » J'ai écrit ce mot sous sa dictée et je l'ai envoyé aux moindres communes de France.

dément divisée..... Deux partis en présence, ne se reconnaissant plus, et le lendemain, au réveil, ce matin du 13 juillet, voilà que tout était changé! C'est de nouveau NOTRE FRANCE, celle qui se retrouve toujours lorsqu'elle est dans le vrai, c'est-à-dire uniquement animée du sentiment de la patrie. Il n'en a pas fallu davantage pour faire éclater, naître sur tous les points de son territoire, l'universelle fédération qu'on n'avait pas vue depuis 1790.

Fête inoubliable, qui a remué tous les cœurs. Plus de partis hostiles, *rien que la France*.

« Fête *unique* », disait-on de toutes parts le lendemain du centenaire. L'on en célébrera d'autres avec plus d'éclat, de pompe, de mise en scène ; mais, par cela même, elles s'éloigneront davantage du caractère de celle-ci, sa simplicité en ayant fait précisément la grandeur.

D'où cela est-il venu? D'abord ce n'étaient point des témoins regardant passer une fête qu'on leur donnait; tous, en province surtout, en étaient les acteurs. En réalité, c'était la France entière se fêtant elle-même, dans ses plus grands souvenirs, que son historien lui a racontés afin qu'elle pût toujours se ressaisir dans ses temps de défaillance.

De là l'émotion profonde, contagieuse, universelle, qui a subjugué, entraîné ceux même qui la veille se croyaient d'irréconciliables ennemis.

°

Je reviens à *nos noces d'or*. Pour les célébrer, je ne suis pas seule. Il est là plus présent que jamais.

Ses lettres, où il a mis tout son cœur, son âme, et que je relis, pour la centième fois, à travers mes larmes, en ce jour du 12 mars, m'ont, elles aussi, donné bien des fois la bonne inspiration en ces vingt-cinq dernières années. Et je sens qu'aujourd'hui il me remercie d'avoir gardé pour moi seule, caché, inviolé, ce cher trésor.

Mais, demain, il faudra que je m'en sépare pour remplir un impérieux devoir.

Je lui avais donné son tombeau, ce n'est pas assez. Avant de disparaître, il faut que je lui élève son monument selon l'esprit, c'est-à-dire que je donne, de ses œuvres, une édition aussi parfaite que puisse l'être un travail humain, une édition *ne varietur* qui servira de modèle et de guide aux futurs éditions de l'avenir.

C'est l'éditeur Ernest Flammarion, l'un des propriétaires des œuvres de Michelet, qui a mis son cœur et l'honneur de sa maison à réaliser cette belle, mais très coûteuse entreprise, éditant quarante volumes qui, en réalité, en contiennent cinquante, et cela, sans la garantie de rentrer dans ses déboursés.

Très touchée de cet acte de foi, je lui offre la digne compensation qu'il mérite; je mets dans ses mains ces lettres inédites, qui sont une page d'histoire appartenant à la vie de Michelet.

A son tour, M. Flammarion a promis de la donner gratuitement à tout souscripteur des œuvres complètes.

L'édition attendant ce quarantième volume pour s'achever, il faut que je me presse, bien qu'il m'en coûte. Je puis d'un jour à l'autre disparaître.

La seule personne qui, jusqu'ici, ait vu ces lettres, est celle qui en a pris copie devant moi, afin qu'elles arrivent au Musée Carnavalet, auquel je les destine, nettes de toute souillure.

Il a déjà de Michelet son beau portrait peint par Couture, en 1843, et son grand bureau en acajou massif, sur lequel il a écrit presque tous ses ouvrages.

Si j'ai choisi ce musée de préférence à un autre, c'est qu'il est essentiellement parisien et que mon mari était un enfant de Paris, très attaché à sa ville natale.

En outre, Carnavalet a été fondé dans le quartier où l'historien de la France a passé vingt ans de sa vie, en explorateur assidu de nos archives nationales, alors un monde à peu près inexploré, déchiffrant les pièces, les classant, en tirant aussi pour la France d'inestimables trésors.

Lorsque la salle, qui contient, avec mes legs anticipés, une riche collection d'estampes, aura reçu les dons que je lui destine, elle se consacrera d'elle-même, car Michelet, fureteur de gravures, de portraits, dont son histoire a richement profité, sera là aussi chez lui.

Ce livre, tissu de deux âmes que rien désormais ne pourra plus séparer, « ces deux qui vont ensemble », comme dit Dante, ne porte qu'un nom d'auteur, bien qu'on y trouve de mes lettres. J'en ai été très sobre, ne les donnant que lorsqu'il y avait nécessité, pour jeter de la lumière dans celles de M. Michelet. Si j'ai mis toutes celles que je lui ai écrites d'Allemagne, c'est pour que ma personne apparût au moins de profil. Ce que le lecteur désire toujours, nous en avons tous fait l'expérience, c'est de savoir ce qu'est celui à qui parle le correspondant.

Paris, 12 mars 1899.

I

EN ALLEMAGNE

1847-1848

I

EN ALLEMAGNE

1847-1848

Je ne me doutais guère, en décembre 1846, que celle qui devait faire mon bonheur et renouveler, augmenter la production des dernières années de ma vie, fût si près de moi.... Elle traversait Paris, accompagnée de son frère, pour se rendre en Allemagne où elle allait faire l'éducation de deux jeunes princesses.

Le 18 novembre de cette même année, j'avais fait une grande perte, celle de mon père qui ne m'avait jamais quitté, qui était une part considérable de moi-même. Mes enfants étaient à ma portée, mais ne vivaient pas avec moi; ils habitaient une aile détachée du petit hôtel Flavacourt

— rue des Postes[1] — où j'ai vécu douze ans. Il n'y avait de réunion qu'au repas du soir, en sorte qu'après le départ de mon père, je restai seul dans mon grand appartement désert.

Pour m'arracher à ce deuil ou plutôt me soutenir, je m'étais mis à écrire l'*Introduction* du premier volume de ma *Révolution*, qui continuait en un sens mon livre du *Peuple*. J'avais, dans cet intérêt capital, concentré ma situation.

Sans doute, j'aurais pu me remarier. Mon cours, mon livre du *Prêtre* m'avaient valu les visites réitérées de riches veuves qui n'eussent pas mieux demandé que de porter mon nom. Mais avec ces mondaines, il eût fallu changer mes habitudes laborieuses, sédentaires, et qui sait, quitter mon grand devoir qu'elles n'étaient guère préparées à comprendre. Je décidai donc contre moi, je m'enfermai, me concentrai encore plus dans mon intérieur solitaire. L'esprit était satisfait, mais il manquait à l'homme moral d'avoir action sur une âme autrement que par ses livres. J'en étais triste, et dans le cœur je sentais un grand vide.

D'autre part, âgé déjà, je devais craindre de sortir légèrement de ma voie, d'aimer trop tard aussi.

Lorsque à la fin d'octobre 1847, je reçus la première lettre de celle qui était triste par moi, par

---

1. Aujourd'hui rue Lhomond.

mon livre du *Prêtre*, en lui donnant les conseils auxquels elle avait droit, en la plaignant du fond du cœur, je m'efforçai de ne pas lui laisser voir qu'elle m'avait attendri. Dans sa lettre, elle ne disait rien de son âge; je devinai à son émotion pourtant contenue, qu'elle devait être très jeune. D'autant plus je tremblais pour elle.

Je veux qu'elle publie cette correspondance si sérieuse, si simple, si digne de sa part, trop brève de la mienne. C'est que dès sa seconde lettre, j'avais commencé à me craindre.... Il y avait tant d'analogie entre nos deux situations! Sans doute, lorsqu'éclata la Révolution, je ne fus pas comme elle en péril, mais que d'émotions poignantes en dix mois, de janvier à novembre 1848, que de choses faites pour briser le nerf le plus solide!

En 1847, j'avais vécu dans une unité terrible, digne de ceux que je racontais. Mais en 1848, où j'avais si grand besoin du cordial puissant qui refait la vie épuisée par une production incessante, qu'est-ce que je rencontrais pour le renouvellement de ma fécondité? L'épreuve la plus terrible....

Dès janvier, j'avais été dérangé par la suspension de mon cours au Collège de France. En le continuant par l'impression, j'espérais rester en communion avec mes élèves qui, à ce moment, étaient le monde.

Mais le tonnerre de février éclata, et je me trouvai avoir en ma vie deux révolutions, celle que j'écrivais et celle qui se faisait sous mes yeux. En mars, en face de l'Europe en feu, j'essayai de m'abstraire et de donner le point de vue détaillé, réel, de juin 1791. — Grand et pénible effort !

Jusqu'ici, je faisais la Révolution, maintenant je la subissais, l'applaudissais. Mon troisième volume avait le tort de trop m'isoler des événements. Mon cours y servait au contraire, en me donnant une occasion d'être utile : l'éducation ! L'éducation !... C'est pour ne l'avoir point donnée, que ce beau jour du 24 février qui inonda l'Europe de son rayonnement, est cependant resté stérile. Le peuple n'avait pas été préparé à faire un bon usage des libertés qu'il venait de conquérir.

A ce moment, il eût fallu : 1° des cours populaires faits par des *désintéressés* d'eux-mêmes, de leurs propres ambitions ;

2° Une *véritable histoire de France* en abrégé, à l'usage des écoles de la République, le passé enseignant l'avenir ;

3° Une *Bible du peuple*, à lire le dimanche en famille. J'en avais conçu le plan. Ah ! si tous les cœurs avaient été vraiment français, que de choses eussent été faciles ! Le développement de l'idée républicaine eût, comme le cours d'une rivière, suivi sa pente naturelle. Il eût fallu servir ce beau réveil, et en même temps, s'*effacer*.

Ne rien vouloir pour soi, ni popularité, ni nom, ni places, ni fortune, cela donne une grande puissance pour faire le bien.

Beaucoup se présentaient sous ces apparences, mais il était aisé de les percer à jour, d'enlever les masques. Rien de plus douloureux que de rencontrer partout des faux frères.

En mai, à l'ouverture de l'Assemblée, on put voir combien ils étaient indignes du grave moment où se trouvait la France. La réaction allait conduire le peuple aux pires excès. Il s'accomplit sous mes yeux, ce malheur redouté. De mes fenêtres, je vis le peuple tuant le peuple.... Le plus cruel, c'est que les enfants en étaient!

Un de mes amis[1] en rencontre deux portant chacun un fusil. Son cœur se serre. Pour gagner leur confiance, il pose amicalement ses mains sur leurs épaules :

— Où allez-vous, mes petits, ainsi armés en guerre?

— Nous allons nous battre.

— Et pourquoi?

L'un répond : « On m'y force. » L'autre : « Je ne sais pas, mais nous voulons Bonaparte. »

Le surlendemain de ce malentendu terrible qui

---
1. Gustave d'Eichtal.

semblait enterrer même l'espérance, et fermer tout l'avenir, je voulus me rendre compte en parcourant surtout les quartiers populaires. Dans nos faubourgs, je marchais entre les ruines d'une guerre de frères. La grande ville, hier si vivante, était devenue tout à coup si morte, que ce cri de douleur, jeté pendant les horreurs de la Ligue, m'échappa aussi à travers les larmes les plus amères que j'aie jamais versées : « O Paris, qui n'es plus Paris!... »

Et, c'était pour moi un regret profond, je le répète, de n'être pas resté, après le livre du *Peuple*, dans mon rôle d'éducateur. Mais avais-je la voix pour me faire entendre de lui, moi qui n'ai d'autre langue que celle des esprits cultivés?...

Je revins donc à mon histoire de la Révolution, à mes morts de 91, mais là aussi l'époque était difficile. Je m'obstinais pourtant, et j'avançais lentement dans ma voie sombre, avec un pénible effort. J'allais, comme le serpent sur qui la charrette a passé. Meurtri, écrasé, il avance en concentrant, à chaque pas, ce qu'il a de force encore, ramassant, poussant en avant le misérable ensemble disjoint de ses tronçons coupés.

Ce qui me crevait le cœur, c'est que je sentais que, pour longtemps, il y aurait anéantissement du travail et de la charité.

Pour essayer de revivre, je quittai Paris, j'allai

rejoindre mes enfants qui étaient en Normandie. Mais j'avais l'âme trop malade pour profiter des ravivements de la nature. Déjà avancé dans la vie, je la sentais trop jeune, trop heureuse de ses puissances.... Je ne restai que quelques jours.

En septembre, je fis un nouvel essai; il fut encore plus infructueux. Je rapportai une petite fièvre qui rendit le travail fort difficile.

Et pourtant, il fallait achever la première moitié de mon troisième volume qui m'avait tant coûté à écrire ! Elle le fut le 16 octobre. La sagesse me commandait, cette fois, de prendre un véritable repos, avant de me mettre au volume suivant qui commençait par Avignon, la *Glacière*,... sujet sanglant ! Comme délassement, je voulus ranger mes papiers. Mais je m'aperçus bien vite, que, pour ne pas tomber tout à fait malade, je devais continuer. Comment n'en suis-je pas mort, ma vie étant si atteinte? Je me le demande encore....

Néanmoins, je me souviens que, le 19, sans tenir compte de mes blessures, j'allai moi-même porter mon livre à Lamennais, et que j'essayai de le consoler de la France par l'Europe.

Lui, de sa voix âpre et basse, ne me répondit que par ce mot si sombre! « Oui, sans doute, Dieu fait ce qu'il peut, il sauve les vies, mais l'honneur? »

Hélas! il n'y avait pas à le nier, celui de la

France était en péril. Nous revenions à l'Empire. Cette année 1848, éclatante de lumière à son début, s'achevait par ce pronostic funèbre.... Et comme le passé ne prédisait que trop ce que serait l'avenir, quelle que fût ma forte volonté pour réagir, je me sentais, avec la France, tomber à l'abîme.

Mais Elle *vint, me saisit*, m'enveloppa du chaud rayonnement de son âme magnétique, et j'échappai à la nuit du tombeau, je revécus....
Non, cette rencontre ne fut pas un accident fortuit, mais une chose voulue par la Providence, et par elle, préparée de loin. On le verra bien, si elle se décide à donner une suite à ses *Mémoires d'une enfant*. Oui, c'est la Providence qui, par des sentiers différents des miens, l'a conduite jusqu'à moi, me l'a donnée juste à l'heure où je sombrais sur mon radeau de la *Méduse*.
Jamais mariage ne fut plus rapide et plus solide. Je la vis pour la première fois le 8 novembre, et, sans qu'elle le pressentît, je l'adoptai douze jours après, ou plutôt, je l'épousai de cœur et de ferme volonté. La première des lettres que je lui écrivis dans les quatre mois qui précédèrent notre union, date du 19 novembre.
Ce n'est pas encore le moment de les donner. La priorité appartient à celles qui me vinrent

d'elle, pendant qu'elle était en Autriche, à Vienne. Je dus la lettre du 23 octobre 47, qui ouvre notre correspondance, à la lecture de mon livre du *Prêtre* qui venait de la jeter dans un grand « trouble. » A la réflexion, elle crut ne pouvoir mieux faire que de demander à l'auteur de son mal, le remède pour en guérir.

LETTRE. I

Vienne (Autriche), 23 octobre 1847.
Untere Beckerstrasse.

Monsieur,

Si, après de longues hésitations, je me décide à vous écrire, c'est que je suis certaine qu'avant d'être arrivée à la fin de ma lettre, vous aurez pardonné ma jeune témérité, ma franchise, et que vous serez tout prêt à m'assister de vos bons conseils.

Ils me sont indispensables pour apaiser le trouble où m'a jetée votre livre du *Prêtre*. Ce n'est pas une vaine curiosité qui m'a poussée à le lire, mais l'espoir d'y trouver un secours dans ma vie isolée et mon inexpérience.

Pour que vous compreniez mon délaissement actuel, je vous dirai brièvement que, si de ma naissance à ma première communion, que j'ai faite entre treize et quatorze ans, j'ai été élevée par la nature, et si par elle, j'ai pris le sentiment de Dieu, en revanche, de quinze à dix-neuf ans, je n'ai guère vécu qu'avec le monde de l'église, ce qui s'explique par les relations de ma mère, restée veuve de bonne heure et très craintive de l'opinion. Sa porte ne s'ouvrait qu'aux vieux amis et aux ecclésiastiques en renom de sainteté. Dès l'âge de quinze ans, je désirai trouver parmi eux, un guide de ferveur ardente qui secondât mon zèle dans la pratique des vertus actives.

Fort peu préoccupée des dogmes, mon père s'étant toujours abstenu de m'en parler dans ses instructions religieuses, je l'étais beaucoup de mon progrès moral. Si pour y aider mon directeur eût décidé de me faire prendre le voile, j'aurais obéi.

Les missions lointaines me tentaient. Faite sœur de charité, je serais partie d'un grand élan pour la Chine, où j'aurais soigné les malades et conquis à Dieu de petites âmes chinoises[1]. Ma trop faible santé eût été le seul obstacle à cet entraînement.

Restaient les ordres cloîtrés, mais ceux-ci m'ont toujours inspiré une sorte d'effroi. Un saint évêque m'eût voulu pour ses Ursulines qu'il dirigeait.... Le libre esprit que je porte en moi arma ma résistance. J'échappai, en venant faire ici une éducation. Mais partie du Midi en décembre, le brusque changement de climat, de langue aussi et d'habitudes, me fut une trop dure épreuve. Elle s'aggrava bientôt par la privation de toute assistance ecclésiastique.

J'ai essayé du clergé allemand. Mais il est si loin du nôtre par la tenue, qu'il m'a fallu comprendre qu'il serait plus sage de m'abstenir. D'autre part, mes

---

1. On s'occupait alors beaucoup de la *Propagation de la Foi.*

guides de France, mécontents de mon attitude indépendante, m'en punissent en me laissant à l'abandon.

Dans ce délaissement immérité, je me suis rappelé ce que m'avait dit une amie de ma mère sur votre livre du *Prêtre* : « Il est d'autant plus utile, qu'il ne s'occupe guère que de la *direction* ».

Tout naturellement, je désirai vous lire. Elle s'y refusa : « Plus tard, vous êtes trop jeune ».

Dans ma situation exceptionnelle, avoir sans directeur la *direction*, quoi de plus précieux! Il n'y avait donc pas à hésiter. Le difficile était de se le procurer dans la dévote Autriche. Lorsqu'on y parvint, j'étais bien près de n'en avoir plus besoin. Une grave maladie avait failli m'emporter. C'est à peine si j'en pus lire la table. Oserai-je vous le dire? Ce fut une grosse déception. J'avais cru revivre en tirant de votre livre une nourriture fortifiante pour mon âme, et je voyais que j'aurais constamment à discuter avec vous.

Malgré ma faiblesse physique qui rendait ma volonté chancelante, j'eus pourtant assez d'énergie pour m'interdire d'aller plus loin en l'état où j'étais.

Ce ne fut que deux mois plus tard, non pas à Vienne, mais en Bohême, au profond entonnoir de Carlsbad qui enserre si profondément la pensée, que je me décidai à vous lire réellement. J'avais un tel besoin de paix intérieure, qu'ajournant la *Préface* trop polémique et les pages qui la suivent immédiatement, je commençai par les trois grands directeurs du XVIIe siècle[1]. Ce fut un enchantement. Je vécus des jours, des semaines, subjuguée par le plus austère, charmée, sinon con-

---

1. Saint François de Sales, Bossuet, Fénelon.

quise par le plus séduisant, surtout à cause de son amour pour la nature. J'aimais moins Fénelon trop grand seigneur et sans pitié pour la pauvre Maisonfort.

Quand je sus par cœur ces cent pages, la tentation l'emporta sur la sagesse, je continuai. A tort. L'impression allait être si différente!... Sans doute dans ce que je venais de lire, il y avait déjà bien des réserves, des critiques. Mais vous m'aviez mise si haut dans la société de ces grands esprits que je ne les entendais pas. En continuant, je devais descendre de ces calmes et sereines régions pour n'y plus remonter. Vous ne contestiez pas seulement l'efficacité de la *direction*, vous la montriez contraire au progrès moral, « par l'anéantissement graduel de la *personnalité*! » J'étais prête à vous abandonner le confesseur qui ne m'a jamais semblé indispensable. Je crois même que pour celui qui sait entendre les avertissements de sa conscience, elle sera toujours le meilleur juge.

Mais n'avoir plus aucun appui, personne pour vous conseiller dans les incertitudes, l'inexpérience!

Perdre aussi la confiance, la sécurité qui fait tout dire sans crainte, sans réserve, comme à Dieu même, non seulement les défaillances passagères, mais surtout ce qui agite une âme au début de la vie : les *mouvements contradictoires*!... Quoi de plus douloureux!

Jamais l'idée ne m'était venue que la direction loyalement donnée, pût tourner au détriment de celui qui la reçoit. Et voilà que tout était changé, que tout m'était sujet d'alarme.

Le monde n'admet pas qu'une jeune fille puisse

chercher un guide en dehors du prêtre. Si vous le lui ôtez, alors que lui restera-t-il?

Depuis six mois, je reviens à votre livre, sans pouvoir sortir du labyrinthe bien autrement inextricable que celui des montagnes où je l'ai commencé.

Le Français qui me l'a procuré a été l'un de vos auditeurs au Collège de France. Il m'a dit que vous étiez marié et père de famille. Si vous avez une fille, vous serez, monsieur, d'autant plus touché de ma situation.

Je suis comme orpheline dans ce pays si loin du mien. J'ai perdu mon père à quatorze ans. Si je l'avais conservé, je n'aurais pas besoin d'un directeur; même à distance, celui qui connaissait toutes mes pensées eût été mon guide le plus sûr. Puisqu'il me manque et que vous êtes l'occasion de ma peine, permettez-moi de vous demander de tenir pour une fois sa place, de me parler comme vous le faites à votre enfant et de me donner assistance, car je sais bien que je ne me retrouverai plus jamais telle que j'étais avant de vous avoir lu.

Il me faut une orientation nouvelle. Si vous me la donnez, je vous en aurai une reconnaissance infinie et je vous bénirai.

Veuillez agréer, monsieur, l'hommage de mon respect filial.

ATHÉNAÏS MIALARET.

LETTRE II

Paris, 30 octobre 1847.

Mademoiselle,

Je suis touché plus que je ne puis dire de la confiance que vous me témoignez ; je voudrais en être digne.

Dieu me garde, mademoiselle, d'ébranler votre foi !
C'est au contraire par un approfondissement tout nouveau de vos idées religieuses, par la prière, peut-être aussi par un redoublement d'études nobles et élevées que vous franchirez ce moment difficile.

Le livre dont vous parlez a pu vous être utile pour vous avertir et vous mettre en garde. Vous trouverez sans peine un prêtre âgé et pieux qui vous rassure entièrement et rende, sans inconvénient, ces communications dans lesquelles vous avez jusqu'ici trouvé un soutien.

Vous vous affermirez peu à peu, et cet appui vous sera peut-être moins utile, ne précipitez rien.

Les livres de polémique comme celui dont vous parlez, fortifieront peu votre cœur. Laissez-nous les batailles à nous autres ; elles sont nécessaires en certains temps, elles entrent aussi dans les volontés de la Providence ; mais le cœur paternel (vous voulez bien autoriser ce mot) s'inquièterait de voir ces rudes et dangereuses armes dans vos jeunes mains ; j'y voudrais plutôt, mademoiselle, mettre quelque chose de

doux et de saint; et quoi de plus saint que la paix?...
Mais la paix n'est pas comme plusieurs croient, dans l'amoindrissement de nos facultés, le rétrécissement, la dépression de l'âme. Il faut, tout au contraire, l'élever et l'agrandir pour la pacifier.

Vous trouverez la paix dans la société des grands hommes d'autrefois, dans la lecture et l'étude réfléchie des grandes choses.

Lisez (s'il se peut la plume à la main) la Bible, l'Évangile, les vies de Plutarque, Dante, Shakespeare, Cervantès, etc. Ces livres, ceux mêmes qu'on appelle profanes, sont tout pleins de Dieu.

Si le tome V de mon *Histoire de France*, celui qui contient la *légende de la Pucelle d'Orléans*, ce moderne évangile, vous tombait dans les mains, je vous prie de le lire, non pour le récit qui est mien, mais pour les *paroles* admirables de cette sainte; si Dieu est quelque part, c'est là.

Mais le livre qu'il vous faut lire surtout, c'est la vie. L'exercice de la charité autant que vous pourrez la pratiquer, en commun avec vos élèves, vous ouvrira un monde, non seulement de sentiment, mais d'idées. Rien ne fortifie l'âme plus que le spectacle des misères et des douleurs physiques. Rien n'est plus propre à tromper, à neutraliser les douleurs morales, les rêveries.

Oui, j'ai une fille, mademoiselle, et même un petit-fils. Cependant, je ne suis pas assez loin de votre âge, pour avoir oublié votre situation morale qui fut la mienne.

Je vous vois jeune, triste, isolée (sans avoir même les tristes joies de la solitude). Vous ne vous soulèverez au-dessus de cet état pénible, plein de dangers, que d'une seule manière : *ne soyez point jeune fille*, prenez une âme grande et forte, *soyez mère par le cœur*, pour vos élèves, pour les malheureux. Nul remède pour un cœur de femme, hors du sentiment maternel, ainsi élevé, agrandi.

Un autre temps viendra; votre situation, moins difficile alors, vous demandera sans doute moins d'efforts, mais aujourd'hui, vous ne serez au niveau de ce qu'exige la situation actuelle, qu'en vous mettant plus haut, en vous élevant dans une sphère supérieure.

Voilà des conseils bien virils, et plus fermes peut-être qu'il ne faudrait à un jeune cœur endolori. Les plus fermes sont les plus tendres, mademoiselle, et c'est le cœur bien ému de votre confiance innocente, de votre isolement, de vos tristesses, que je termine avec peine cette lettre, en vous recommandant à Dieu.

J. MICHELET.

Ai-je besoin de vous dire que pour toutes choses (livres, etc.), je suis à votre disposition.

En prenant la plume, j'avais cru sentir que je faisais une chose grave. Sa situation, son mérite me touchaient, et je craignais de me laisser prendre le cœur dans un amour impossible. Son âge m'alarmait.

Ma lettre plus mâle et forte que consolatrice n'était pas ce qu'elle eût voulu. Elle s'attendait à ce que je parlerais avec *autorité*, que je prendrais une initiative plus prononcée : « Ce que je souhaitais, c'était, dans le monde des idées nouvelles, une correspondance sérieuse, utile à mon âme et lui donnant des ailes ». Avant la fin de l'année, elle m'écrivit sa lettre de remerciement, qui à mon grand regret s'est perdue. La chose principale en était qu'elle avait déjà lu les livres que je lui conseillais. Réponse que je trouvai légère. Sans l'attrister et diminuer sa jeune confiance par de doctes remontrances, je lui en dis pourtant quelque chose à la fin de ma lettre.

LETTRE III

Paris, janvier 1848.

C'est le temps, mademoiselle, et non la bonne volonté qui m'a manqué pour vous répondre. Votre lettre m'a trouvé dans mille embarras divers que je ne veux point confier à celle-ci, qui, peut-être, sera ouverte. Tout cela n'est pas fini, et je suis dans un cours rapide de production, que l'esprit du temps, *si affaibli*, me paraît demander. La mort des autres augmente ma vie et m'impose de la manifester davantage.

J'ai cette supériorité, du moins, de n'avoir aucun doute. Sur ce qui importe vraiment, ma foi est éclairée et simple. Je crois à un meilleur avenir pour le genre humain, et je crois que nous le ferons ; Dieu le fera par nous.

Jamais je n'ai ni découragement, ni ralentissement, ni tristesse profonde; celles que j'ai comme homme, je les crois même utiles.

Produirais-je si j'étais heureux?

Cela est incertain.

Votre situation est moins simple, mademoiselle, j'en suis bien touché. — J'ai traversé de tels moments. Ces noires vallées, où je me sentais comme perdu, sont derrière moi comme un petit point gris. Et devant moi, je vois plus de lumière. Ne pleurez pas, je vous prie, ne doutez pas; tout ce mauvais temps passera. Il ne faut point trop nous attendrir sur nos tristesses — ni sur celles de ceux qui nous intéressent; c'est un avis que je dois m'adresser à moi-même, en vous lisant. Personne plus que moi n'a besoin de sérénité et de force, au milieu de ce malheureux monde détruit, sur les ruines duquel je m'obstine à espérer encore. Plus tard, quand vous serez dans une de ces situations fixes *qu'on croit heureuses*, vous regarderez peut-être avec regret vers la chambre de jeune demoiselle où vous passez aujourd'hui des heures sérieuses, parfois mélancoliques. Quant à ces grands esprits, avec lesquels je voudrais vous voir vivre, ne croyez pas les avoir lus, les savoir; *jamais on ne les a lus*. C'est comme la mer, plus on y entre, plus on la sent profonde.

Je voudrais, mademoiselle, pouvoir communiquer à votre jeune cœur une sérénité courageuse ; le travail y fait beaucoup, je l'ai éprouvé ; peut-être aussi la confiance, l'appui que donne, même de loin, une sérieuse et solide amitié.

J. M.

Sa troisième lettre ne fut pas moins intéressante que la première et la seconde. Comment expliquer une maturité si précoce? Était-ce de race, d'éducation, ou le résultat de quelque grande épreuve?...

LETTRE IV

Vienne, 9 février 1848.

Monsieur,

J'ai bien mal exprimé ma pensée, puisque vous avez pu croire que je prétendais connaître déjà les ouvrages que vous recommandiez à mon attention.

J'ai seulement voulu dire qu'il est des états de l'âme si misérables, que pour la mettre en goût de revivre, il faut lui offrir pour nourriture des aliments tout nouveaux.

Plus calme, j'ai repris votre livre, et j'en puis dire ceci : s'il y a eu un grand malaise à être brusquement tirée du courant habituel qui était pour moi une sorte de discipline, en revanche, combien de pages m'ont fait sentir votre sincérité et votre esprit de justice.

Par exemple, lorsque vous parlez du rôle efficace que peut avoir, dans la société, le prêtre âgé qui a vu beaucoup, beaucoup appris, beaucoup souffert....

Dans un autre ordre d'idées, j'ai très bien compris le danger que vous signalez, celui de « la seconde nature, imposée, dites-vous, par un autre, annulant notre nature primordiale que nous apportons en naissant, celle-ci gardienne de la vie qui nous avertissait de tout ce qui peut la compromettre ».

J'ai encore été saisie par cette image du pont brisé derrière nous, sur le chemin que nous avons parcouru. « Nous y avons passé, et nous n'y passerons plus. »

Ah! cette rupture entre le passé et le présent me désolerait trop si, pour moi, elle était consommée. Non, Dieu merci! J'ai cet avantage que le meilleur de ma vie appartient aux années de mon enfance, où seule, dans la solitude des champs, j'allais à lui, presque sans intermédiaire, par l'émotion que me donnaient toutes les belles et grandes choses de la nature auxquelles, déjà, je le sentais uni.

Lorsqu'on est ainsi parti du fond de la vérité, l'harmonie se fait d'elle-même, entre ce qui fut et ce qui sera.

J'avais déjà mis en pratique, d'intuition, ce que vous me conseillez, de toujours lire la plume à la main.

C'est, en effet, la seule manière de conserver de ses lectures tout ce qui s'en peut assimiler. Qui sait si par ce moyen, nous ne possédons pas en nous ces belles âmes, beaucoup mieux qu'elles ne se sont possédées elles-mêmes?

A part les fluctuations religieuses dont vous avez le secret, ma vie est aussi simple qu'uniforme.

Les enfants que j'élève, par leurs heureuses dispositions, rendent ma tâche agréable, quoique très laborieuse.

Je les prends dès huit heures du matin, pour ne les quitter que vers neuf heures du soir, au moment où elles s'endorment.

Alors, si la princesse est seule au salon, je la rejoins et je lis pour elle, à haute voix, quelques pages des philosophes du xviiie siècle, ou des mémoires de la même époque dont elle est très avide.

Le livre fermé, nous discutons un peu ou nous causons doucement.

Onze heures sonnent, je regagne ma chambre. C'est le seul moment de la journée qui m'appartienne. Je le consacre à mes études personnelles. Il m'arrive d'y mettre parfois une telle ardeur, que, dans les longs jours d'été, l'aube me surprend encore assise à ma table de travail.

Tant de choses me manquent! A chaque instant je m'en aperçois et j'en souffre. Le moyen le plus sûr de sentir qu'on n'est encore soi-même qu'une écolière — malgré ses diplômes — c'est d'enseigner les autres. L'intelligence éveillée de mes deux élèves m'encourage. Elles ont pris très vite l'appétit du travail, la faim du pain quotidien que je leur donne. Loin de s'en rassasier, elles en demandent toujours davantage. Le délassement de nos promenades sur les remparts ou les glacis qui entourent la ville intérieure, ce sont de petites excursions en histoire naturelle.

Merci, monsieur, profondément, pour la « sérieuse et solide amitié » dont vous voulez bien m'honorer. Je m'efforcerai de la mériter.

A. MIALARET.

On voit par cette lettre, dans quelles conditions austères la pauvre enfant avait engagé sa vie.

La famille C..., frappée subitement dans son chef, était venue de Bucarest à Vienne, pour avoir le secours des grands médecins. La princesse, très stricte sur les convenances, n'allait point dans le monde, recevait très rarement chez elle. Sa principale occupation paraissait être son malade, et ses enfants dont elle suivait l'éducation. Elle-même, prenait des leçons de grec, d'allemand, et, en dehors des lectures que lui faisait Mlle Athénaïs, s'exerçait à connaître les règles de notre langue.

Le gouverneur de son jeune fils, sorti des écoles de Paris, homme de mérite, lui avait composé une bibliothèque dont une partie les avait suivis à Vienne. Tous les matins, il indiquait les pages à lire par la jeune fille.

Revenons à notre correspondance. D'autres lettres suivirent; les miennes, quand je la sentais en péril; les siennes, beaucoup plus occupées des événements qui se passaient sous ses yeux que d'elle-même. Ce n'était pas moins une occasion pour moi de connaître, à distance, son esprit supérieur, son cœur excellent et l'austérité de sa vie.

La révolution de Vienne ayant éclaté le 13 mars 1848, le 19 je lui écrivis :

LETTRE V

Je suis inquiet de Mademoiselle, et la prie de me faire savoir comment elle s'est trouvée du tumulte épouvantable d'une telle révolution? N'a-t-elle couru aucun danger?

Je lisais sa lettre. J'étais fort touché du tableau, triste mais calme, qu'elle faisait de sa vie, lorsque nous avons su la grande explosion de Vienne.

Quels que soient l'accablement et le vertige d'affaires de toutes sortes où nous nous trouvions, j'ai voulu lui adresser une voix sympathique de la patrie, celle d'une personne *qui lui restera toujours reconnaissante* d'une si aimable confiance.

J. M.

Elle reçut ma lettre le 24, et spontanément me répondit :

LETTRE VI

Monsieur,

Je vous remercie, et la princesse avec moi, de votre affectueuse sollicitude. Nous avons été, en effet, tout à coup tirés de notre vie calme, presque douce dans sa mélancolie, par des événements que personne n'aurait pu prévoir.

Lorsque, dans la matinée du 27 février, les journaux apportèrent la nouvelle de la révolution de Paris et de la proclamation de la République, le saisissement fut général, et vives les appréhensions. Mais bientôt les adresses pacifiques de M. de Lamartine, en révélant le caractère magnanime de notre révolution, firent succéder la confiance à la crainte. Alors, dans bien des têtes, s'éveillèrent des rêves de liberté.

Tout est à conquérir; ce pays n'a pas même de constitution. Le vieux prince Metternich, plutôt que de rien changer aux rouages de sa politique byzantine, a préféré donner sa démission.

C'est le 13 que la révolution a éclaté. Ce qu'on n'attendait pas, c'était qu'elle partît, pour moitié, des Écoles. Elles comptent environ 10 000 étudiants venus de toutes les parties de l'empire. Avant cette date, on ne se serait guère douté de leur nombre. Nous habitons près de ce grand collège, dans sa rue même, et jamais notre vie n'avait été troublée par des attroupements, des échappées bruyantes, si naturelles à la jeunesse.

Était-ce effacement? Ce qui vient de se passer prouve bien que non. La réserve prudente de ces jeunes gens leur était commandée par la surveillance de la police qui est, ici, des plus ombrageuses.

L'explosion a été aussi soudaine qu'imprévue. Il était environ dix heures du matin. Chacun vaquait à ses occupations ordinaires, sans se douter du grand changement qui allait s'accomplir. Les étudiants étaient en route pour la Hofburg[1], porteurs des vœux des provinces annexées qu'ils représentent ici ; les ouvriers des faubourgs, d'autre part, venaient chargés de pétitions concernant les intérêts du peuple. Mais les portes du Château se fermaient pour les étudiants, celles de la ville pour les ouvriers.

La rudesse qu'y mirent les soldats devait, fatalement, provoquer une collision. Elle fut courte, mais meurtrière. Dans la population civile, il y eut une quarantaine de blessés et quinze morts.

Pour exprimer son indignation, le parti libéral, tout entier, décida de leur faire de belles funérailles. Parmi les morts, il y avait trois étudiants dont les familles ne pouvaient arriver à temps pour leur donner le dernier adieu.

Mais la France ? Elle qui avait lancé la révolution adoptée par les jeunes gens et le peuple d'un si grand élan !... la France, dans ce jour de deuil, serait-elle aussi absente ?...

Très émue, j'allai trouver la princesse. Elle a un fils de quatorze ans qu'elle adore. Je ne lui en parlai pas, mais des mères qui ne reverraient plus le leur, unique peut-être... Les trois cercueils, partant de l'Université, passeraient forcément sous nos fenêtres. Ne leur donnerions-nous pas un signe de regret ?

La princesse, qui a un cœur excellent, se fit des reproches : « Où donc ai-je l'esprit, de n'y avoir pas pas pensé ? Je vous en prie, mademoiselle, faites au plus vite le nécessaire. » Je n'y manquai pas.

Le lendemain, à une heure, lorsqu'au bout de la rue,

---

1. Le Palais impérial.

le convoi s'ébranla, nos trois couronnes étaient prêtes, fort belles dans leur austérité. A la verdure, à quelques fleurs étaient mêlées, sobrement, nos couleurs nationales pour que, sans paroles, tous comprissent que la France était là, et avec elle, l'espérance.

Au moment où les cercueils approchèrent, sur un signe, les étudiants qui avaient l'honneur de les porter, vinrent se placer sous notre balcon, et les trois couronnes, que retenaient, dans nos mains, de longues écharpes de crêpe noir, lentement descendirent, et, comme d'elles-mêmes, se posèrent à l'endroit précis où, la veille encore, battaient trois jeunes cœurs enflammés de patriotisme.

La reconnaissance de leurs camarades fut si vive, que, pendant une semaine, il nous fut difficile de sortir. Tous nous guettaient, voulaient nous faire une ovation.

Le pauvre empereur, malade, épileptique, est irresponsable, il ne gouverne pas. La *Camarilla* agit et décide en son nom. Dans sa frayeur d'une véritable révolution, elle vient de faire quelques concessions. La plus acclamée a été le décret qui organise la garde nationale. Pour la première fois, le peuple se voit élevé à la dignité de citoyen. Dans sa joie, il a pavoisé, illuminé la ville. Les plus fervents ont promené dans les rues qui avoisinent la Hofburg, le portrait de leur « Kaiser bien-aimé ».

Le lendemain, il est sorti de son palais, et lentement, a parcouru le centre de la ville au bruit des cloches envolées. Cette fois, il y avait, dans la foule, du délire.

Il est bien certain qu'ici, il n'est pas question d'un

changement radical. Le Viennois réclame une part de liberté, mais reste fidèle à son empereur. Pour lui, cette image de la représentation nationale, si effacée qu'elle soit, reste sacrée.

Voici où nous en sommes, aujourd'hui, 24 mars. Mais quel sera l'avenir?... Il dépendra de celui de la France. A l'heure où arrive son courrier, tout le monde est dans la rue. Les plus habiles à se faire servir, font la lecture des journaux — permis par la censure — aux moins heureux. On cherche à lire entre les lignes; et, selon les présages, chacun se réjouit ou s'attriste.

Le travail est devenu difficile. Involontairement, on est tiré hors de soi par les nouvelles vraies ou fausses, qui circulent, par les bruits de la rue. La vie est faite d'émotions et d'inquiétudes.

Nos circonstances intimes y ajoutent. L'état du prince s'aggrave. Il est question, pour la famille, de retourner en Roumanie.

Respect affectueux,

A. MIALARET.

Trois mois après, en juin, la veille même des *Terribles Journées,* elle me demanda de les rassurer.

LETTRE VII

Vienne, 22 juin 1848,
Stock am Eisen.

Monsieur,

L'inquiétude que vous aviez en mars pour Vienne, nous l'avons aujourd'hui pour Paris. Depuis trois jours aucune nouvelle de la France. Les dernières nous ont laissés sous l'impression pénible de l'émeute du 15.

Ce que nous voyons ici n'est pas fait pour rassurer. La situation se complique et l'horizon, de moment en moment, s'assombrit davantage.

L'empereur a déserté sa capitale pour aller résider en Moravie, à Olmütz. Un seul ministre est resté, celui de la guerre, pour tout organiser militairement. La ville a perdu sa joyeuse animation. Ah! qu'il est déjà loin le temps où la *Marseillaise* était chantée partout, fenêtres ouvertes...! On se sent menacé, on vit chez soi, l'âme déprimée par le plus insupportable des malaises, celui de la méfiance.

Les étudiants agissent toujours, mais en silence. Ils savent que le gouvernement leur impute tous les événements qui se sont succédé depuis le 13 mars. Si la cour revient triomphante, quel sera leur sort?... Ils viennent de constituer un comité de sûreté. Avec raison. Rien ne motivait le départ de l'Empereur. Toutes les pétitions étaient présentées en grande déférence, et ne demandaient que des choses justes : par exemple, l'éloignement des troupes des faubourgs où est le travail, l'industrie. Grande gêne ! Et encore, l'élection d'une nouvelle Chambre, dans l'espoir qu'elle serait plus libérale.

Mais il était dans l'intérêt de l'entourage immédiat de l'Empereur de couper court au mouvement, et pour cela, en le terrorisant, de le faire abdiquer. N'ayant pas d'enfant, ses héritiers naturels sont ses neveux, les fils de l'archiduchesse Sophie, hautement impopulaire. Elle a hâte de saisir le pouvoir, se voit déjà régente, prétend assister aux conseils des ministres, et témoigne son dépit, lorsqu'ils arrêtent leurs délibérations pour lui faire comprendre qu'elle doit se retirer.

Afin d'écarter tout soupçon de la pensée du peuple, le jour même de la fuite du souverain, des concessions apparentes ont été accordées, et le départ a eu lieu en plein jour, simulant une promenade. Le soir, lorsque la nouvelle s'est répandue, il était trop tard pour s'y opposer. Dans sa mortification mêlée de colère d'avoir été la dupe de la *camarilla*, la foule partait pour aller mettre le feu au palais impérial. Mais bientôt de nombreuses patrouilles lui barraient le chemin. La loi martiale était déjà proclamée, interdisant le moindre attroupement.

La cour n'ignore rien de ce qui se passe ici. La police est, de tous les pouvoirs, le mieux organisé ; elle trouve trop souvent, parmi les femmes, ses plus précieux auxiliaires. Celles qui font partie de la cour, et qui sont restées à Vienne pour la servir, font réciter des prières publiques dans les églises et s'offrent pour aller elles-mêmes, au nom du peuple, supplier le « bon Empereur » de rentrer dans « sa chère Vienne ».

Si la République meurt en France, le retour sera immédiat. Que se passera-t-il alors?...

Les ouvriers des faubourgs, alarmés, sont venus remettre leurs intérêts dans les mains des étudiants Ceux-ci ont consommé leur unité. Ce ne sont plus des Hongrois, des Polonais, Tyroliens, etc., gardant leur individualité nationale, ils ne s'appellent plus que *la Légion*[1].

Dieu veuille que cette étroite solidarité assure l'avenir. On tremble pour eux, le mouvement libéral n'étant encore qu'à la surface.

Nous vous en supplions tous, monsieur, rien qu'un mot qui nous dise l'essentiel, dans l'intérêt commun des nations, et qui, pour moi, me rende la patrie moins absente.

A. MIALARET.

Lorsque je reçus cette lettre, le malheur était chez nous accompli. Dans les circonstances si graves où elle se trouvait elle-même, je jugeai qu'il serait imprudent d'appuyer sur cette effroyable chute. Quand il me fut possible d'écrire, je fis le contraire, je la rassurai, mais par quelques lignes seulement. Il m'eût été impossible d'aller plus loin sans me trahir, sans lui laisser voir l'inguérissable blessure dont mon âme était atteinte. La sienne en eût reçu trop violemment le contre-coup. Mon devoir était de ne pas ébranler son courage.

---

1. Ce fut d'abord la *Légion académique*, puis la *Légion* tout court.

LETTRE VIII

21 juillet 1848.

Mademoiselle,

Je suis heureux de la sympathique confiance que vous voulez bien me continuer, c'est pour moi un dédommagement des chagrins *publics* et privés que j'ai eus dans les derniers temps.

Ne vous alarmez point sur la France, mademoiselle, l'affaire de juin, si affreuse, n'accuse pourtant qu'un excès de force, d'énergie; c'est au reste l'acte d'une minorité imperceptible, en comparaison de la population totale.

J'écris mon troisième volume de *la Révolution*, mais veuillez croire, mademoiselle, que je vous suis tout acquis, si vous pensez que je vous puisse servir en aucune chose sérieuse.

J. MICHELET.

Pendant trois mois encore, elle me laissa sans nouvelles. Que se passait-il dans leur intérieur? Vienne, en apparence, était tranquille, l'Empereur revenu. Je n'avais donc aucun prétexte de lui écrire et je restais inquiet.

Enfin, le 29 septembre, je reçus d'elle cette

courte lettre qui me jeta dans un monde de perplexités :

LETTRE IX

29 septembre 1848.

Monsieur,

L'état de santé du prince ressemble à la situation politique, il devient de jour en jour plus alarmant.

Son médecin, qui voit la fin prochaine, conseille de le laisser s'éteindre doucement ici. La princesse qui ne peut non plus se faire illusion, préférerait le ramener en Roumanie vivant encore.

La question est de savoir si je serai du voyage. Le docteur qui me soigne, me trouve bien peu solide pour ajouter tant de centaines de lieues à celles qui me séparent déjà de la France. En ce moment, la chose serait impossible. Une petite fièvre insidieuse mine mes forces. Il voudrait au moins y voir clair avant le départ. Si j'allais compliquer encore, pour la princesse, une situation déjà si douloureuse! Elle est si bonne, qu'elle offre de différer son départ jusqu'à la fin d'octobre. Si à cette date je ne suis pas remise, le climat de Bucarest étant une plus dure épreuve que celui de Vienne, pour une fille du Midi, elle me donnera les mois de grand hiver pour aller me remettre dans le Midi près des miens. Au printemps de 49, elle enverrait ma femme de chambre au-devant de moi. Attendons. Mais si je rentre en France, j'avoue qu'après avoir embrassé ma mère, je préférerais de beaucoup profiter de ces vacances inespérées, où je serais tout à moi, pour m'instruire à Paris.

Pensez-vous, monsieur, que je puisse trouver une institution où, en me rendant utile, il me soit permis de suivre des cours au dehors? J'ai mon diplôme, et j'enseigne depuis trois ans.

Tout ce qui est du domaine de l'Université vous est familier; j'espère que vous ne trouverez pas ma question indiscrète, et que vous voudrez bien m'assister de vos conseils.

Respect affectueux.

A. MIALARET.

Je ne lui répondis que le 16 octobre, lui donnant, faussement, pour prétexte la difficulté de lire sa fine écriture. En réalité, tout en m'informant, je m'examinais et je luttais déjà contre moi. Mille choses à lui dire venaient au bout de ma plume, que j'effaçais ensuite. Je ne lui envoyai que ma troisième lettre, qui dut lui meurtrir le cœur.

Lorsqu'elle lui arriva, elle n'était plus nécessaire. La contre-révolution de Vienne s'était chargée de la déraciner et de la rendre à la France.

LETTRE X

16 octobre 1848.

Mademoiselle, quoique votre écriture soit si jolie et expressive, elle est tellement fine, que je n'ai pu la déchiffrer qu'avec un soin et un temps considérables. Elle m'a fort attristé. Elle s'est jointe aux chagrins du temps et au renouvellement universel de toutes mes tristesses, qui, d'anciennes, sont *redevenues récentes.*

Je m'abstiens de vous répondre, pour des motifs que vous apprécierez. Vous ne reconnaîtriez point Paris, c'est un désert. Dans mon quartier spécialement, qui est celui des collèges et des pensions, l'effroi déraisonnable, sans doute, des parents, a empêché la rentrée de se faire. Beaucoup de pensions sont fermées, faute d'élèves.

Il est étonnant de voir qu'un pays qui n'a rien perdu, semble tout à coup pauvre et dépeuplé !

J'ai échappé un peu à l'abattement général par le travail et la solitude.

Enfermé depuis trois mois, j'achève un volume de ma *Révolution,* et, pendant tout ce temps, je n'ai pas fait une visite, pas écrit une lettre.

Celle-ci est la première, depuis que je me suis enseveli.

Ce que vous me dites de votre santé m'afflige beaucoup. Si jeune, si spirituelle (et si courageuse), vous avez en vous-même un cordial puissant qui doit fortifier, ranimer sans cesse. Si l'affection sincère d'un ami, l'intérêt d'un cœur paternel peut aussi être un allègement, veuillez l'accepter, mademoiselle, et croire que je vous suis bien dévoué.

J. MICHELET.

Les journaux d'aujourd'hui, qui nous font craindre un bombardement de Vienne, me serrent le cœur. Que ne puis-je savoir si vous êtes hors de danger.

Elle m'a raconté que ne songeant plus à ses circonstances personnelles au moment où ma lettre lui arriva, elle recueillit toutes les notes qu'elle avait écrites, et sans poser la plume, me fit le récit rapide qu'on va lire. Mais qu'après l'avoir achevé, elle fut prise de la crainte d'encourir mon blâme pour ses initiatives juvéniles — légitimées pourtant par les circonstances exceptionnelles qu'elle traversait — et qu'alors, au lieu de m'envoyer ce journal, elle l'avait enfermé dans la malle de son père qui contenait tout ce qu'elle avait de plus cher.

Lamennais, à qui je la conduisis dans les premiers jours de décembre, vivement intéressé par les événements de Vienne, le lut avant moi. Il eût voulu que tout de suite elle le fît imprimer. Tout au moins, il a sa place ici, à sa date.

LETTRE XI

Lintz, 21 octobre 1848.

Monsieur,

Votre excellente lettre est allée nous chercher où nous ne sommes plus. Les suites tragiques de la journée du 6 octobre, nous ont forcés de chercher ici un refuge.

L'Empereur ayant quitté une seconde fois sa capitale, il n'y rentrera que le jour où le parti libéral sera complètement abattu. La répression sanglante à laquelle nous avons assisté a dépassé en horreur tout ce qu'on peut imaginer.

Ce jour du 6 octobre, de même que le 13 mars, la ville s'est éveillée dans le calme, les boutiques se sont ouvertes comme à l'ordinaire; le ciel aussi était à la paix. Vers dix heures, pendant que mes élèves faisaient leurs devoirs d'allemand et de grec, la princesse me demanda de l'accompagner dans sa promenade matinale. Elle avait pris mon bras, et nous descendions doucement la longue rue qui mène à la Léopold-stadt, lorsque notre attention fut attirée par un remue-ménage vertigineux. De toutes les fenêtres on lançait des meubles que des hommes, en bas, dans la rue, amoncelaient en barricades.

Qu'était-ce donc?... Nous croisons un groupe qui remonte. La princesse, inquiète, l'interroge. « Madame, on se bat sur le Danube pour empêcher l'embarquement des troupes que le gouvernement veut envoyer contre la Hongrie. »

Nous continuons, pour voir de plus près ces préparatifs de défense; mais voilà que de chaque porte s'élancent des gardes nationaux. Ceux-ci se dirigent vers le centre de la ville. Y sont-ils appelés ou bien y vont-ils spontanément?...

Mystère... Ce qu'on sait et qui alarme, c'est que dans ce corps ne règne plus la belle unité qui, aux premiers mois de son élection, faisait sa force. Un conflit, s'il éclatait, pourrait être meurtrier.

Prudemment nous revenons sur nos pas, et nous trouvons la petite place du *Stock am Eisen*, que nous habitons depuis le mois de mai[1], noire de gardes.

Cette *piazzetta*, comme ils disent, relie l'importante place du Graben à la place Saint-Étienne où est la cathédrale. Nous sommes donc placés à merveille pour tout voir. Il y a déjà querelle. Il s'agit du tocsin d'alarme. Les uns veulent qu'on le sonne à toute volée pour avertir les faubourgs; les autres s'y opposent énergiquement. Dans la lutte, un fusil part, et le coup tue net un garde national.

Voilà une seconde dispute greffée sur la première.

Qui a commencé les hostilités? Personne, probablement. Ce malheur est le fait du hasard. Mais déjà les têtes sont montées... D'autant plus facilement elles acceptent ce qu'affirme un témoin, qu'il a vu le coupable se cacher dans l'église dont les portes se sont aussitôt refermées. On y court, on arrache l'une des barrières qui entourent l'édifice, on enfonce la porte

---

1. La princesse avait quitté la rue Obere, devenue trop bruyante, par l'affluence de tous les partis.

suspecte, on entre, on cherche, et l'on trouve, en effet, un capitaine de la garde, caché dans un confessionnal. La frayeur seule l'a peut-être jeté là ; on ne lui laisse pas le temps de s'expliquer. Vingt coups de baïonnettes le transpercent. Deux autres gardes, aux allures équivoques, ont le même sort. Ils sont frappés sur les marches d'un autel.

Pendant qu'on rejette les trois cadavres sur la place, un second coup de feu retentit et, cette fois, c'est un homme du peuple qui est blessé.

Là-dessus, une courte et vive fusillade s'engage, après quoi l'on s'explique. Un simple témoin, que la curiosité retient là, dit avoir vu l'éclair du feu jaillir de l'une des fenêtres de notre hôtel, loué principalement à des étrangers de marque.

En ce moment il est vide. Tout ce beau monde cosmopolite a quitté Vienne, en même temps que la cour.

Cela devrait rassurer la foule, et c'est précisément ce qui l'inquiète. Que se passe-t-il derrière ces volets hermétiquement fermés? Elle veut se rendre compte; elle monte.

Alors commence dans notre escalier une ascension ininterrompue avec des cris assourdissants et de furieux coups de crosse assénés contre toutes les portes, lesquelles, naturellement, restent closes.

Lorsqu'ils arrivent devant la nôtre, nous croyons prudent d'ouvrir avant la sommation. Le jeune prince, accompagné de son gouverneur, étant allé prendre des nouvelles de son père, nous ne sommes que des femmes dans l'appartement. Les premiers qui entrent et perquisitionnent, ne trouvant rien de suspect, se retirent rassurés. Mais il en vient d'autres, et dans une de leurs irruptions, ils rencontrent un étranger de passage à qui nous donnons momentanément l'hospitalité. Bien que sa physionomie soit des plus débonnaires, les soupçons se portent immédiatement sur lui. Interpellé, il n'a qu'à répondre, ce qui est la vérité, que, se trouvant éloigné de l'hôtel où il est descendu, il a craint, en y retournant, de tomber dans une bagarre... Au lieu de cela, il se trouble, pâlit, rougit, balbutie; « donc il est coupable ».

Malgré nos prières, on l'entraîne dans les escaliers; nous ne l'avons plus revu.

Nous eussions été nous-mêmes en péril, si le bruit de la victoire remportée par la Légion et le peuple sur les bords du Danube, n'avait attiré ailleurs l'attention de la foule. On disait que le général Bréda, qui commandait les troupes destinées à la Hongrie, dès le début de l'engagement, était tombé, frappé au front d'une balle, et que les soldats privés de leur chef suprême mollissant, les légionnaires en avaient profité pour s'emparer de quatre canons. Finalement, au lieu de continuer à se battre, les étudiants, les grenadiers et le peuple avaient trouvé meilleur de fraterniser.

En mai et juin, un pareil succès eût amené un résultat immédiat, considérable pour le parti libéral. Les espérances étaient alors entières; la Légion en imposait à tous, elle seule gouvernait. En octobre, sa dispersion dans toutes les provinces de l'empire, pour préparer des élections où l'élément jeune eût prévalu, l'avait réduite des deux tiers.

La bourgeoisie, elle, n'avait ni bougé, ni diminué de nombre, mais son état moral n'était plus le même.

Tant de mois d'attente, avaient déprimé son élan, ébranlé ses résolutions. Elle redoutait maintenant de se lancer, avec les siens, dans l'inconnu.

L'inconnu !... Mais il était pour tous. Nous-mêmes où serions-nous demain, si la situation s'aggravait ?

Il n'y avait pas une minute à perdre pour aviser.

La première chose que décida la princesse, ce fut de maintenir, pour la journée, du moins, l'éloignement de son fils et de son gouverneur. On pouvait prendre l'enfant en otage et forcer son précepteur à s'armer, ce qui n'était pas du devoir pour un étranger, et nous eût privé de notre seul protecteur naturel.

Quant à nos filles, il se trouva qu'une chambre, providentiellement dissimulée au fond d'un long corridor, put être, pour elles, un sûr refuge. Afin de leur donner toute confiance, la princesse s'y enferma d'abord avec elles.

Pour moi, je continuai à errer dans nos appartements déserts. Il m'eût été impossible de rester passive à l'écart des événements. Le danger a ses fascinations. Sans doute, j'appréhendais ce qui allait suivre, mais je préférais voir le péril en face, pour en mesurer l'étendue.

Soudain, une idée me traversa l'esprit : il me restait un bout du ruban tricolore dont j'avais orné les trois couronnes destinées aux étudiants morts le 13 mars. Si je m'en faisais une ceinture ?... Ainsi, sans paroles, les perquisitionneurs, qui croyaient voir un ennemi apposté derrière chaque fenêtre des étages vides, sauraient que j'étais *Française*, c'est-à-dire d'une nation amie, et que, dès lors, en ce qui nous concernait, ils n'avaient rien à craindre....

Jusqu'à deux heures, notre place conserva l'aspect tranquille qui lui est habituel. Les uns étaient encore au Danube, cimentant le pacte de fraternité avec les grenadiers; les autres, au ministère de la guerre, à la recherche de celui sur qui pesait la responsabilité des événements du matin : le ministre Latour.

Personne, dans les chambres du ministère, mais tous les signes d'un abandon récent. L'opinion générale étant qu'il avait dû se réfugier au Palais impérial, la foule en prenait le chemin lorsqu'un survenant, peut-être un des familiers de la maison, ennemi secret du ministre, l'arrêta par ces mots : « Vous avez mal cherché, voyez sous les combles. »

Le malheureux y était, en effet, dissimulé derrière un énorme poêle hors de service. L'exécution fut rapide, mais cruelle. Renversé, pris par les pieds, traîné, on lui fit descendre ainsi les escaliers, la tête frappant à chaque marche. Arrivé à la dernière comme il respirait encore, on l'acheva en le pendant à l'une des deux lanternes du vestibule.

Quelques étudiants avaient pu suivre le flot, mais aucun d'eux, assurément, n'avait pris part au meurtre.

Ceux de la Légion, qui n'avaient point été envoyés au Danube, avaient un autre souci : ils préparaient l'attaque de l'Arsenal pour armer le peuple des faubourgs. Ce fut la Légion pourtant, l'infortunée, qui supporta les effroyables conséquences du crime politique qu'elle n'avait pas commis.

Tout à coup, entre deux et trois heures, au milieu d'un silence relatif, s'élève un bruit, sourd d'abord, mais qui, de seconde en seconde, grandit jusqu'à devenir un roulement formidable.

Ce sont des artilleurs qui entraînent, au pas de course de leurs chevaux, six canons. Ils s'arrêtent sur notre place, presque sous nos fenêtres, pour couper toute communication entre le Graben et la place Saint-Étienne. Les six bouches sont tournées vers celle-ci, prêtes à foudroyer quiconque viendra de ce côté. Qui? — si ce n'est la Légion....

Les canonniers, leurs sinistres dispositions prises, leurs mèches apprêtées, immobiles et silencieux, attendent.

Toutes les fenêtres sont ouvertes et tous les cœurs dans l'angoisse. Du regard, chacun sonde les profondeurs de la rue qui mène à l'Université. Si les étudiants viennent, forcément ce sera par là.

Soudain, mille cris les annoncent! Au loin ils apparaissent.... L'une de nos fenêtres étant à l'angle des deux places, nous pouvons la voir venir dans son ensemble, l'admirable Légion. Aidées de nos lorgnettes, nous suivons, comme si elle était tout près, ses mouvements, ses ondulations, son pas rapide. Est-elle informée du sort qui l'attend? Vient-elle volontairement au-devant de la mort, ou bien espère-t-elle, comme au bord du Danube, désarmer son ennemi?... L'un et l'autre sans doute. Les grenadiers avec qui, quelques heures auparavant, elle a fait amitié, l'accompagnent. Ceux qui les regardent avancer d'un œil fixe, oseront-ils tirer sur leurs camarades[1]?...

---

1. C'est précisément de son intervention du matin, qu'on entend aussi la punir.

Quelles que soient les pensées de cette belle jeunesse, aucune hésitation. La tête haute, sur les lèvres un fier sourire, elle vient d'un pas si accéléré, qu'on pourrait croire qu'elle court à une fête.

Grand Dieu!... Encore quelques centaines de pas, et elle sera tout à fait à portée... Ce sont les canons, maintenant, qu'on regarde. Les mèches s'allument; elles s'allument, et elles s'abaissent. Un cri perçant sort de toutes les poitrines : « Ne tirez pas! Ne tirez pas! » En même temps, l'instinct irréfléchi de la conservation fait qu'on se recule.

Six coups de foudre répondent à l'appel à la pitié... Le tonnerre de l'effroyable décharge frappe en plein cœur les premiers rangs de l'héroïque Légion!

Ah! le *han!* de ces mâles poitrines s'abattant sur les pavés!... Il me semble toujours que je l'ai entendu dominant le bruit assourdissant des six coups de canon. Et si profondément, il a pénétré en moi, qu'aussi longtemps que je vive, il reviendra toujours m'obséder.

Au premier moment, ce fut une nuit à ne rien voir. La fumée traînait bas. Point de vent pour l'aider à remonter. Lorsqu'enfin un crépuscule indécis éclaira la place, que vit-on?... Le sol tout noir de cadavres ou de blessés, ceux-ci, à demi asphyxiés, ne bougeant pas plus que les morts. Et, passant par-dessus tous ces corps, les survivants de la Légion qui s'élançaient sur les canons, pour désarmer les canonniers, leur laissant, toutefois, la vie sauve.

On dit les femmes timides, craintives, peureuses. Ici, elles furent admirables de spontanéité. Sans attendre le départ des artilleurs, intrépidement, elles descendirent sur la place, cherchèrent d'une main frémissante, dans ce pêle-mêle sanglant, qui respirait encore. S'y mettant à plusieurs, elles soulevaient avec mille précautions, ceux qui ne pouvaient plus s'aider, leur ménageaient un abri, leur prodiguaient les premiers soins en attendant que, de l'Université, on vînt les prendre.

Notre cour en reçut une quinzaine, pour qui fut fait, à travers les larmes, tout ce qui était humainement possible. Mais comment apaiser les douleurs de pareilles blessures? La plupart, hélas! étaient mutilés.

Environ une heure après cette boucherie, on eût pu croire n'avoir fait qu'un mauvais rêve. La place, à part quelques taches de sang, avait repris son aspect accoutumé. Les curieux se succédaient sans interruption et se livraient à des manifestations bruyantes. Ce n'était plus la population du matin; celle-ci venait des faubourgs.

Ne sachant que mal ce qui s'était passé, elle entrait dans les maisons pour s'en informer, disait-elle. Nous voyions des hommes armés aux fenêtres qui faisaient face aux nôtres. Sans trop savoir pourquoi, de moment en moment, ils tiraient. Une balle tomba aux pieds de Thérèse, ma femme de chambre, une autre, brisa sur ma table mon écritoire.

A la fin du jour, c'est-à-dire à l'heure du dîner, ils vinrent par groupes comme au matin, et rudement, nous demandèrent de quoi manger : « Nous avons faim, nous avons soif et nous n'avons point d'argent.

Vous, vous êtes riches. » Les regards disaient le reste. Impossible, sans risquer sa vie, de refuser. La princesse, par nature très généreuse, donna aux premiers qui se présentèrent beaucoup plus qu'ils n'attendaient, ce qui nous en attira d'autres, de plus en plus exigeants.

Que ferions-nous la nuit fermée — elle vient de bonne heure en octobre — si cette inquiétante procession continuait?... Et nous étions là cinq femmes seules, nos trois domestiques à demi mortes de frayeur.

Dans la journée, il eût été impossible de songer à partir; mais à présent?

La princesse fit appeler le concierge. C'était un brave homme, assez intelligent, que touchait la gravité de nos circonstances. Son avis fut qu'il fallait rester, tout en simulant un départ, pour nous débarrasser des quémandeurs. Il nous conseilla de descendre dans sa loge, ayant sur nos bras nos manteaux de voyage, et là, d'attendre, très ostensiblement, une nouvelle irruption qui ne manquerait pas de se produire. Pour donner plus de vraisemblance à la petite harangue qu'il se préparait à leur faire, dès que nous fûmes prêtes à le suivre, il éteignit toutes les lumières de l'appartement afin qu'il parût réellement abandonné.

Nous étions à peine descendues, qu'une douzaine « d'affamés », comme ils se qualifiaient, eux-mêmes, passa devant la loge, et, sans hésiter, ayant sans doute un guide, se dirigea vers l'escalier qui montait chez nous. Le concierge, les rappelant : « Inutile, mes amis, de vous donner cette peine; les personnes que vous cherchez ne sont plus là-haut. Les voici. Elles habitent les faubourgs où je vais les reconduire, après leur avoir donné ce matin l'hospitalité, au moment de la bagarre. »

Cela était dit avec tant de naturel et une telle apparence de véracité, qu'ils n'eurent aucun soupçon de son pieux mensonge, mais seulement une amusante déconvenue. Dialoguant à demi-voix, ils se demandaient s'ils devaient laisser échapper cette dernière occasion de tirer sur nous. Le plus avisé s'avança, et avec l'air bon enfant du Viennois, familièrement porta la parole : « Chères dames, que Dieu vous accompagne et vous protège, mais avant de partir, faites encore une bonne action, donnez-nous de quoi souper. » Nous le leur payâmes de bon cœur, et si belle fut l'aubaine, qu'ils disparurent comme par enchantement pour se la partager, et, probablement, avertir leurs camarades qu'il n'y avait plus à compter sur nous.

Quoi qu'il en soit, le but était atteint, le péril conjuré. A tâtons, nous regagnâmes notre appartement.

La première chose que fit la princesse, ce fut de courir revoir ses filles, la plus aimée surtout, la toute mignonne *Smaranditza* encore au berceau.

Quand elle eut rassasié son cœur maternel de baisers et de caresses, elle les laissa sous la garde de sa femme de chambre et vint me rejoindre au salon d'où je surveillais le dehors.

Nous pensions, toutes deux, qu'il valait mieux rester debout, plutôt que d'être tirées brutalement de notre premier sommeil par quelque nouvelle aventure.

En silence, nous nous assîmes dans l'embrasure d'une fenêtre qui faisait saillie sur la place. Les lumières restant éteintes, nous pouvions assister à tout invisibles, et nous tenir ainsi en garde.

On entendait gronder, à distance, les canons de l'Arsenal où était le dépôt des armes. La Légion en faisait le siège pour s'en saisir, et les distribuer à la population des faubourgs, exposée la première aux fureurs des Croates qu'appelait Windischgraetz pour commencer le bombardement.

Bien que les réverbères n'eussent point été allumés, la place conservait toute son animation. Il n'y avait de sommeil pour personne.

Les uns, affairés, rapides, ne faisaient que passer. D'autres semblaient tenir conseil. Enfin, il y en avait qui paraissaient chercher à se mettre à l'abri des atteintes de la police, elle aussi très éveillée. Lorsque nous les voyions se diriger vers notre porte cochère qu'on avait enjoint de laisser ouverte, malgré nous, nous frémissions.

Entre minuit et une heure, la place subitement changea d'aspect. Des hommes portant des falots qui éclairaient leurs visages de fantastiques lueurs, apparurent dans des sens opposés, jetant tous le même cri lugubre : *Da sind sie! Da sind sie!* « Les voici! les voici! »

Besoin n'était de les nommer. Depuis six semaines, on ne parlait que d'eux dans la ville, même les enfants pour qui ils étaient l'ogre dont les mères les menacent lorsqu'ils ne sont pas sages. Pour le peuple c'était la *Terreur en marche*.

Les lumières insolites qui couraient sur la campagne, avertissaient qu'ils étaient proches, ces terribles Croates altérés de sang humain.

De la tour de la cathédrale, le gros bourdon qui ne s'ébranle que dans de rares occasions : la mort d'un Hapsbourg ou quelque grande calamité publique, lui aussi jetait l'alarme.

Sa voix d'airain répondait à deux pas de nous, à la voix de bronze. En bas, le canon tonnant l'action ; en haut, entre terre et ciel, la cloche, lente et lourde à crever le cœur, avertissant du péril, ou tombant en glas funèbre sur les agonisants.

Hélas ! c'était aussi l'agonie de la liberté !

Il n'y avait plus à s'y méprendre, tout ce qu'on avait déjà souffert pour la conquérir allait rester inutile. Dans quelques jours, Vienne pouvait n'être plus qu'un monceau de ruines.

La gravité de la situation et nos circonstances personnelles, nous faisaient un devoir de sortir de notre isolement. Le moyen le plus simple et le plus pratique, était de nous adresser à la Légion. Ne nous voyant plus, rue Obere, elle devait nous croire loin. Il suffirait de l'avertir que nous étions là encore, pour qu'elle s'empressât de nous prêter assistance.

Le valet de chambre du prince, qui avait ordre de nous porter tous les matins des nouvelles de son maître, irait, de la part de la princesse, prier quelques légionnaires de venir lui parler.

Avant que le jour ne les amène, achevons-la, cette funèbre nuit du 6 au 7 octobre. Vers deux heures, le canon se ralentit, et le ciel, au-dessus de la ville, soudain s'illumina. Que se passait-il ? L'Arsenal était en feu

La Légion n'ayant pu faire dans l'épaisseur des murailles des brèches suffisantes pour s'y introduire et en déloger la garnison, s'y était prise autrement. Sous le feu meurtrier des assiégés, au moyen de longues échelles, elle avait lancé sur la toiture des bottes de paille enduites de résine, qu'elle avait ensuite allumées. Alors, le combat s'était engagé, dans la rue, avec des chances diverses pour les deux partis; mais, à la fin, c'était encore à l'intrépide Légion que restait la victoire.

Nous l'entendions proclamer, ainsi que la capitulation des troupes, par ceux qui couraient l'en féliciter.

Vers quatre heures, un calme relatif ayant succédé au tumulte, la princesse put aller prendre un peu de repos, et je restai seule à la même place, continuant à veiller pour tous.

Thérèse qui s'était réfugiée dans la chambre ordinaire des princesses, où elle couchait aussi, vaincue par les émotions de la journée, dormait assise sur une chaise. J'en eus pitié : « Couchez-vous, lui dis-je, d'ici au jour, il ne se passera plus rien de grave. » Elle obéit sans répondre. Sa tête était si pleine de sommeil, qu'ayant perdu la notion des événements, et ne se rappelant plus que la maison devait rester dans l'obscurité, elle alluma sa bougie, sans avoir pris la précaution d'appliquer soigneusement les volets intérieurs. Qu'advint-il de cette imprudence? Qu'une unique et grande fenêtre, subitement éclairée sur la longue façade de l'hôtel plongé dans les ténèbres, aussitôt attira l'attention. Des hommes qui traversaient la place s'en alarmèrent et montèrent. Arrivés à notre étage, ils crièrent qu'on leur ouvrît. Je courus chez Thérèse. En entrant dans sa chambre, je fus saisie. Il n'y avait plus à chercher la cause de la sommation. N'arrivant pas à l'éveiller, je pris son bougeoir, et, le cœur me battant fort, par l'appréhension de ce qui m'attendait, j'ouvris, et me présentai, calme en apparence.

Ils étaient cinq, tous de la classe moyenne. Ma lumière se projetant sur leur visage, je vis qu'il était noir de fumée et de poudre. Sans doute des combattants auxiliaires de la Légion. Cela pouvait me rassurer. Mais leurs yeux plongeaient si brutalement dans mes yeux!... L'un des cinq, prenant la parole, me demanda durement ce que je faisais debout à cette heure?

De ma main gauche, restée libre, leur montrant ma ceinture qui disait ma nationalité, je répondis seulement : « Vous n'aurez jamais de meilleure amie que la France ».

Ce fut un revirement complet. Je les vis tendre les mains vers ce ruban que je leur avais montré. Pour eux, comme pour moi, il était une parcelle de notre drapeau national, un vivant symbole.

De grand cœur je leur en donnai la moitié, pour qu'ils en fissent entre eux le partage. En attendant, chacun à son tour, le porta à ses lèvres.

Mon Dieu! que de foi encore dans les âmes, à ce moment, que d'espérances!...

Le matin, dès sept heures, je dus faire éveiller la princesse. Une délégation de l'Université se présentait. Il n'avait pas été nécessaire de la faire avertir. La veille, j'avais été reconnue, aidant à relever les blessés; ils accouraient, d'eux-mêmes, avant de retourner au devoir, qui, hélas! était encore le combat.

En nous voyant, ils eurent toutes les peines du monde à modérer l'expression de leur reconnaissance et de leur joie. C'étaient bien des amis qui se retrouvaient. Que de choses à nous dire sur le passé! Que d'événements accumulés!... Et le présent! et l'avenir! De celui-ci, nous n'osions leur parler. Que serait-il pour cette vaillante jeunesse qui comptait si peu avec la vie? Le sacrifice qu'elle en faisait d'avance à la patrie, aggravait encore pour elle le danger. Nous en étions si émues que nous en perdions de vue le nôtre.

Il fallut bien y venir, expliquer nos circonstances et nos inquiétudes. Les hommes pouvaient s'en tirer. Mais des femmes avec des enfants, des filles, dont une au berceau; avec un malade ou plutôt un mourant...? Que faire? Partir ou rester?... « Partir, madame, mais ni aujourd'hui, ni demain. Actuellement, le danger est à l'entrée des faubourgs où vont se masser les troupes qui arrivent. Personne n'en sait le nombre, n'en connaît les intentions, si ce n'est ceux qui les commandent. Mais soyez certaine que l'heure propice venue, votre départ sera efficacement protégé. Jusque-là, n'ayez point de crainte, que vos nuits soient tranquilles, nous veillerons sur vous. »

J'y reviendrai... Aujourd'hui, nous avons une tout autre besogne que celle de tenir la plume.

Dix-huit mille hommes de troupes sont cantonnés à la caserne du Belvédère, et l'avis unanime de la Légion est que pas un seul soldat ne doit sortir de la ville pour opérer sa jonction avec les Croates. On voit voltiger, à proximité des faubourgs, les manteaux rouges de ceux qui sont envoyés en éclaireurs.

Comme on peut prévoir que des tentatives seront faites, et des combats livrés dans les rues, pour essayer de passer à l'ennemi, l'ordre est donné d'élever vivement des barricades. Tous sont requis, les femmes aussi bien que les hommes.

Au moment où nous recevons cette sommation, je vais voir par les volets entr'ouverts de ma chambre qui donne sur la place, s'il y a, de notre côté, un commencement d'exécution.

Précisément, on lève des pavés pour barricader une petite rue qui serpente autour d'un îlot de maisons et va rejoindre le Graben.

De moi à moi, ce cri m'échappe : « Il faut que la France y aide ! » Revenant près de la princesse, toute électrisée, je lui dis : « Madame, depuis hier, notre maison est devenue légendaire à son détriment; le peuple la voit d'un mauvais œil. Nous devons donc y aller des premières. Dans votre haute position, cet empressement vous comptera double. J'irai pour vous. Donnez-moi seulement votre femme de chambre. »

Sans hésiter elle me répondit : « Il faut, en effet, qu'on y aille; mais que ce soit vous !... Où donc, ma pauvre enfant, trouverez-vous la force de prendre votre part de cette rude besogne ? » — « Dans ma volonté, princesse. » Et sans attendre sa réplique, je cours me saisir de ce qui me reste de mon ruban tricolore. Ne pouvant plus le mettre en ceinture, je m'en fais une belle cocarde que j'épingle sur mon épaule gauche, pour qu'elle dise, cette fois encore, qui je suis, et que cela, tout au moins, m'assure le respect....

Nous voilà donc sur la place. Beaucoup de monde à

la barricade; mais jusqu'ici des hommes seulement. Les uns dépavent, les autres construisent, dirigés par quelques membres de la Légion. Il sont tous si pleins d'ardeur, que personne ne me voit venir. Pour me présenter, il faut que je frôle le bras d'un étudiant tyrolien. Il se retourne, et moi doucement : « Vous avez appelé les femmes au travail, nous voici, monsieur ». Et Catinka, fièrement, lui montre ma cocarde.

Depuis notre révolution de Février dont toute l'Europe a profité, les Français sont adorés de la jeunesse. Pour mon Tyrolien, il voit en moi une envoyée de Dieu. Dans son saisissement et son émotion, il ne peut, pour m'annoncer à ses camarades, arracher de sa poitrine que ce seul mot : « La France! la France! la France! »

En un instant, je me vois entourée. La pensée qu'une de leurs barricades sera élevée par la France et l'Allemagne libérales réunies, les transporte. C'est à qui me choisira les pavés les plus petits, pour m'adoucir la fatigue d'un tel labeur.

Pendant que les pavés s'amoncellent, un étudiant est délégué à l'Université porteur d'un ordre. Lorsqu'il revient suivi d'un grand nombre de légionnaires, la barricade est achevée.

Un Hongrois — ils sont les héros du jour — les précède, tenant à la main un drapeau. C'est la noble bannière germanique, noire, rouge et or. Arrivé devant la barricade, il la déploie, et toutes les têtes se découvrent. En même temps, tous les regards me désignent. Le jeune madgyar, après s'être incliné, me la remet et me prie de l'arborer au nom de la France....

Comment oserais-je? Un pareil honneur me confond, m'interdit. Le devoir rempli, je n'ai plus de hardiesse, et je cherche à me dérober. Tous m'en empêchent. Un Polonais qui croit que je manque d'assurance pour me risquer sur les pavés croulants, s'offre à m'affermir. Ce n'est pas le poids de mon corps qui m'entrave, mais je me sens redevenue une enfant, et je demande grâce. Alors, mon obligeant cavalier, se retenant d'abord au bout de mes doigts, en deux bonds atteint le faîte. Le drapeau de la Confédération hardiment planté, déjà flotte, quoiqu'un peu alourdi par ses franges d'or et son ampleur. Il flotte noblement, mais il flotte seul, et c'est comme si, entre les deux grandes patries, l'union était tout à coup rompue. Tous en ont, au même moment, l'impression, et s'en attristent. Quelqu'un propose d'aller chercher le drapeau français et de le mettre à côté du drapeau allemand. Mais un Italien plus avisé, de sa voix chaudement timbrée et vibrante, proteste : *Amici, non e bisogno, abbimo meglio.*

Et sans presque m'en demander la permission, il détache ma cocarde, s'élance à son tour et l'attache, non sur un point quelconque du drapeau germanique, mais juste au centre, j'allais dire sur son cœur même, pour que les deux battent ensemble. Lorsque enveloppée dans ses amples replis, elle disparait, la belle cocarde, tous sentent que ce n'est pas seulement un symbole, mais que c'est bien elle, la France, qui est là, et pour toujours étroitement unie à l'Allemagne.

Cette foi est si vive dans le cœur de tous, qu'un irrésistible besoin d'union éclate. Les nationalités diverses auxquelles ils appartiennent, semblent disparues.... Se jetant dans les bras les uns des autres, eux aussi s'enlacent, s'étreignent, mêlent leur souffle, leur âme, comme elle le sera bientôt hélas! dans la mort! Ils combattent ensemble aujourd'hui, ils combattront demain, et jusqu'à la dernière heure ; ils ne capituleront pas, bien qu'ils sachent que leur mission est finie et que leur cause est perdue.

Combien sont-ils maintenant? Deux mille à peine! Dès lors, ils ne gouvernent plus seuls. Le commandant de la Place n'est plus celui de la Légion. Ces deux mille qui restent, sont les *irréductibles*, mais ils ne sont plus qu'un débris! Et ce débris, la Diète, qui a repris une partie du pouvoir, par tous les moyens possibles, en paralyse l'action, en atténue la personnalité en le mêlant à l'armée avec un rôle secondaire, ou plus machiavéliquement encore, elle le désagrège sans retour, en le dispersant dans les provinces, sous prétexte de missions à remplir. La complète disparition de ces deux mille, n'est donc plus qu'une question de semaines.

Vienne, avec ses fossés pleins d'eau, ses ponts-levis redressés, ses douze portes de fer soigneusement fermées, pour tenir longtemps, n'avait besoin que d'être bien approvisionnée. Mais elle avait été prise au dépourvu. Rien n'était donc plus facile que de la réduire par la famine. Ce qui a encouragé la résistance, une fois le bombardement commencé, ç'a été la peur que Windischgraetz, généralissime de toutes les troupes de l'empire, ne renouvelât la barbare répression de Prague, livrant aussi la capitale de l'Autriche aux fureurs de ses Croates pillards, bourreaux, incendiaires.

Celle qui a souffert la première du retour à la suprématie militaire, c'est la Légion. Les soldats désœuvrés de la caserne du Belvédère la prenaient pour cible. Lorsque l'un de ses membres passait à leur portée, il était mis en joue. Plus tard, ils se sont livrés à une véritable chasse et on les a laissés faire. C'est que tous sentaient bien qu'une fois cette intrépide jeunesse disparue, ce serait comme si l'âme de la patrie était morte.

Elle, semblait faciliter la chose, en se faisant un point d'honneur de ne pas chercher son salut dans la fuite. Au seuil de la vie à peine, tous la quittent avec une sublime abnégation. Le jeu barbare de leurs ennemis est de les mutiler afin de rendre hideux ces mâles visages inspirés d'héroïsme.

Après qu'ils leur ont coupé les lèvres, les paupières et broyé les mâchoires, ils les dressent debout, dans des attitudes tragiques, les bras en croix, comme ceux du Christ au calvaire; ou bien, ils les mettent ironiquement en faction, le fusil sur l'épaule, vous regardant de leurs yeux sans paupières, de leurs prunelles dilatées, vitreuses et fixes.

Pendant que nous étions encore à Vienne, un député polonais qui cherchait son fils, heurtant son regard de père à ce regard de supplicié qui semblait le maudire, en est devenu fou de saisissement et d'horreur. J'ai eu moi-même, une fois, sur les remparts, cette inoubliabe vision d'épouvante.

Prévoyant leur sort, ils ont brûlé leurs chères archives la veille de l'entrée de Windischgrætz. Cela, afin qu'aucun document accusateur ne puisse être invoqué contre leurs camarades dispersés dans les provinces de l'Empire. Leur situation périlleuse commandait sans doute cet acte de sagesse : tout brûler, tout détruire. Mais quelle perte!... Les notes éparses qu'avec le temps on pourra réunir, seront tout à fait insuffisantes pour donner une idée du grand rôle qu'a joué, pendant sept mois, cette assemblée de jeunes hommes dont un bon nombre était encore imberbe.

Jamais pareille chose ne se reverra : une Université composée de juristes, de médecins, de philosophes à venir; des étudiants enfin, dirigeant à eux seuls, les événements politiques, se portant partout où était le péril, gouvernant à vingt ans, avec la sagesse de politiques consommés, et tenant dans leurs mains les destinées de la maison de Hapsbourg.

Leur courage égalait leur capacité gouvernementale, rien n'était plus beau que de les voir s'élancer sur les canons, et partir à fond de train, l'homme et le bronze ne faisant qu'un. Tout leur allait, même l'attirail le plus étrange. Lorsqu'ils se furent rendus maîtres de l'arsenal, dans l'effroyable attaque du 6 octobre qui leur coûta tant de vies, ceux qui avaient perdu leurs armes dans la mêlée ou le combat corps à corps, s'armèrent de nouveau, se cuirassèrent avec des armures de tous les siècles. Ils prenaient tout, jusqu'aux vieux fusils dont la plupart avaient fait les guerres de Wallenstein.

En d'autres temps, on eût cru assister à un déguisement légendaire, et voir les soldats du moyen âge guerroyer contre la révolution.

Elle était merveilleuse encore cette jeunesse, dans ses séances publiques, surtout celles du soir. Nous y étions attirées, la princesse et moi, pendant que nous habitions la rue Obere-Beker-strasse, par l'éloquence du chapelain de la Légion, l'abbé Fürster, qu'elle appelait son *Michelet*.

Je l'entends toujours, lire et commenter de sa chaude voix sonore et sympathique, le récit que vous avez fait de nos belles Fédérations de 90. Ces pages les émouvaient d'autant plus, qu'ils étaient eux-mêmes, une fédération de nations étroitement liées pour servir la sainte cause de la liberté.

Que restera-t-il de ce rare ensemble d'hommes se rencontrant à la même heure, dans un même but, et, hier encore, l'espoir de la véritable Allemagne?...

Ceux qu'on a pu prendre vivants, ont été condamnés, les uns à faire partie des compagnies disciplinaires, les autres, aux travaux forcés à perpétuité; le plus grand nombre a été et est encore journellement fusillé dans les fossés de Schœnbrunn.

Les archives de l'Université ayant péri, l'histoire de la Légion — le jour où on entreprendra de l'écrire — n'aura que peu de noms à enregistrer. Ils ont voulu, d'ailleurs, qu'il en fût ainsi, ceux surtout de la fin, qui resteront la sublime incarnation de l'héroïsme et du sacrifice. Partant tous ensemble d'ici-bas, ils ont pris pour leur nom, celui qui qualifiait le mieux le dernier acte de leur vie exclusivement dévouée à la Patrie. Ils se sont appelés la *Légion de la mort.*

Notre départ a été difficile, bien que garanti par un passeport de l'ambassade de France. Nous avons dû sortir de Vienne séparément, veillées à une petite distance par les légionnaires déguisés en ouvriers. Ils ne nous ont quittées, qu'après nous avoir vues hors des faubourgs, où des voitures nous attendaient pour nous emporter rapidement.

Nos personnes sont donc en sûreté, mais une portion de notre âme est restée là-bas. Que ferons-nous maintenant, où irons-nous?... Dans ce lieu fermé où l'on étouffe, il faudrait un grand espoir pour nous aider à revivre, mais, hélas! nous n'espérons plus.

Depuis que j'ai eu connaissance de cette lettre, je me suis cent fois demandé ce que j'aurais fait, si elle m'était parvenue pendant qu'elle était là-bas. Et cent fois je me suis répondu que, sans hésiter, je serais parti pour la protéger contre la fatalité du sort et contre elle-même.

« Pauvre victime! » C'est le mot que la princesse, qui la pleure, s'arrache du cœur, et qu'elle lui écrit, le soir du 4 novembre, en revenant de la conduire à la voiture qui, maintenant, l'emporte dans la nuit.... Elle a raison. Oui, pauvre victime!

Huit jours avant son départ, elle m'avait écrit :

LETTRE XII

Lintz, 1ᵉʳ novembre.

Monsieur,

Je rentre en France, malgré votre lettre du 16 octobre qui m'en détourne. Comme vous le voyez, c'est vainement qu'elle nous a cherchées à Vienne. Le furieux bombardement qu'en fait Windischgraetz, en a chassé tous ceux qui n'avaient pas à combattre ou à protéger leurs biens.

Ici, la neige déjà tombe et couvre toutes les hauteurs environnantes. Le bon docteur qui m'a si paternellement soignée dans la grave maladie que j'ai faite au printemps de 47, est venu nous voir. Après un sérieux examen, il s'oppose formellement à ce que je passe un second hiver en Allemagne : « Aucun organe n'est atteint, dit-il, mais tout languit, tout souffre, ce qui constitue un danger. »

Partir, quitter la princesse, mon amie, dans les tristes circonstances où elle se trouve, cela je ne l'aurais pu, sans la crainte de les compliquer encore, en retombant une seconde fois. Notre séparation ne sera, d'ailleurs, que de courte durée. Il n'est plus question de regagner tout de suite la Roumanie. Dans un pareil cataclysme, ce serait matériellement impossible. La pauvre femme qui ne peut guère s'illusionner, regarde en ce moment vers la France. Elle voudrait conduire son malade à Paris.

La certitude de m'y retrouver est pour beaucoup dans sa décision. Elle est si sûre de mon dévouement!

Nous venons donc de décider que j'irai d'abord dans ma famille, puis, que je remonterai à Paris pour y être à son arrivée et tout préparer d'avance.

Elle espère, monsieur, que vous voudrez bien l'aider à faire un choix parmi nos sommités médicales. Je lui ai promis de vous voir en traversant Paris. Il est d'ailleurs de mon devoir de vous exprimer ma gratitude pour l'assistance paternelle que vous m'avez déjà donnée.

A. MIALARET

II

L'ARRIVÉE A PARIS

NOVEMBRE
1848

II

L'ARRIVÉE A PARIS

NOVEMBRE
1848

Le 8 novembre, comme je me levais de ma table de travail pour me rendre à mon bureau des Archives, en traversant le salon, je trouvai une carte sur laquelle je jetai distraitement les yeux. C'était la sienne!

J'avais pour habitude de me lever de grand matin et, jusqu'à onze heures, d'écrire, strictement enfermé, sans recevoir jamais personne. Mlle Mialaret s'étant présentée à dix, ma gouvernante, fidèle à la consigne, l'avait priée de revenir à quatre heures.

Je le regrettai fort, sachant combien il est pénible pour quelqu'un qui vient de loin d'échouer dans sa première démarche. Elle était arrivée à cinq heures du matin à l'hôtel de Tours, place de la Bourse, où l'un des omnibus de la gare du Nord l'avait descendue. Il faisait froid, avec un grand brouillard. Seule, devant le feu qu'elle s'était fait allumer, tristement elle avait attendu le jour et le moment convenable où elle pourrait faire le long voyage de la rue des Postes, où je demeurais.

Qu'allait-elle devenir en attendant l'heure qu'on lui avait indiquée? Sortirait-elle, se risquerait-elle seule dans les innombrables rues de ce quartier d'affaires? J'en fus si préoccupé, si inquiet, que je devançai l'heure habituelle de mon départ des Archives. Il fallait qu'elle n'eût pas à m'attendre cette fois.

Sa jeune sagesse l'avait mieux conseillée; elle s'était fait conduire chez des créoles de Saint-Domingue, qui, après avoir passé plusieurs années à Montauban, étaient venus à Paris tenter la fortune, dans les lettres, le théâtre, etc.

Elle se faisait une fête de les surprendre et de passer quelques jours dans leur voisinage avant de descendre au midi.. Ils habitaient la triste rue de Savoie, qui n'a point d'hôtel. Mais, à deux pas, dans la rue Saint-André-des-Arts, se trouvait le petit hôtel de Bretagne, qui les avait reçus à leur arrivée. Ils le lui conseillèrent, l'hôtel étant fort paisible, une sorte de succursale du *Bon Lafon-*

taine, de la rue de Grenelle. Il y venait surtout des prêtres. Elle y dormirait seulement, rejoindrait ses amis dès le matin, et prendrait avec eux ses repas. Toutes les convenances étaient réunies dans cet arrangement; elle l'accepta, s'installa dans une triste chambre sans distraction, qui donnait sur la cour, et repartit pour la rue des Postes.

Il était donc quatre heures, quand je vis pour la première fois celle qui devait faire le destin de ma vie. L'impression que j'en éprouvai d'abord fut de saisissement. Pâle à faire frémir, comment pouvait-elle vivre? Ce qui faisait ressortir cette pâleur fantastique d'un si grand effet, c'est qu'elle était habillée en noir, avec une unique rose pâle, elle aussi, sur son chapeau de velours, comme pour indiquer que tout ce noir n'était pas du deuil.

A part cette rose, aucune coquetterie. Toute autre, pour se présenter avec les avantages de ses vingt ans, aurait dormi quelques heures après ce long voyage de quatre jours et autant de nuits, sans arrêt ni repos. Elle, n'y avait pas songé. Elle me venait défaite de visage et visiblement brisée de fatigue.

Cela, dès la première heure, me donna de son courage une grande idée. Je sentis que les choses de l'esprit seraient toujours, chez elle, prédominantes. Dans sa très courte visite, aucune sentimentalité; elle parla peu et très bien. D'abord, elle s'excusa de sa première lettre, « téméraire », mais presque aussitôt ajouta : « Je crois pourtant que l'inspiration m'en est venue de Dieu ». Sans insister davantage, elle revint sur la dernière, sur son souhait d'entrer dans une *Institution*. La chose ne pouvait être difficile, dès l'instant qu'elle n'aurait aucune exigence matérielle. Je cite : « Mes goûts sont simples, et les deux ans que j'ai passés chez la princesse m'ont faite riche. L'essentiel est que je puisse suivre la carrière de l'enseignement, pour laquelle je suis née. Je voudrais, pour ajouter à mes aptitudes, suivre des cours, le vôtre, monsieur, et quelques autres encore. » Tout entière à l'idée qu'elle suivait, sa parole restait modeste, mais en même temps très ferme. Ce qu'elle voulait, on sentait bien qu'elle trouverait en elle la puissance de le réaliser.

Je l'écoutais, à la fois charmé et navré, la voyant si atteinte! Serait-elle jamais capable de reprendre le travail? A chaque instant, de subits accès de toux faisaient craindre que sa poitrine ne fût prise. Le Dr Rostan, chez qui je la menai plus tard, en l'auscultant, témoigna les mêmes craintes.

Elle avait laissé à l'entrée son long manteau, noir aussi, mais doublé de rose pâle. Je le pris de ses mains pour le replacer sur ses épaules, et la vis mieux qu'assise. Sa taille était celle d'une enfant plutôt que d'une jeune fille, et d'une enfant qu'une dure épreuve physique ou morale aurait arrêtée dans sa croissance[1].

Ce n'était que trop vrai, je le sus plus tard.

Hélas! si fragile, la voir lancée dans la vie inconnue! et, sans répit, dans le dur labeur quotidien de l'enseignement! J'en fus plus triste encore après son départ. Elle me revint toute la nuit! Que faire pour elle?

Je lui avais demandé son adresse et dans quelles conditions elle était à Paris. Pour l'heure présente, tout était bien, mais l'avenir? Je consultai mes amis et nous cherchâmes ensemble. Mon devoir était de ne pas attendre d'avoir une bonne nouvelle à lui donner pour lui rendre sa visite. S'abstenir, serait ajouter à la tristesse de son isolement celle d'une apparente indifférence.

Et pourtant, je me résistai.... Quel malheur, si avec une telle différence d'âge, l'intérêt tendre, l'émotion paternelle allait devenir de l'amour! Six jours de suite, je passai devant sa porte, ce qui me dérangeait fort, — mais je ne montai pas. Ma fille, que je lui avais envoyée, l'avait trouvée jolie, surtout de profil, noble, fière et sérieuse.

---

1. C'était aussi l'impression de Lamartine, qui l'admirait fort. « Michelet, me disait-il, en 1854, votre femme sera toujours pour vous la Béatrix du Dante, elle n'aura jamais que quatorze ans. »

« Mais pourquoi était-elle si pâle? » En l'écoutant, je me craignis plus encore.

Pour qu'au moins elle ne crût pas que je l'oubliais, le 14, je mis, chez son concierge, le volume nouveau marqué de mon hommage, qui contenait Mme Roland et Mme Condorcet.

Heureuse, très heureuse pensée, une véritable divination du cœur, car, ce jour même, sa mère, par une lettre sévère, exigeait sur-le-champ son retour. Mon livre lui fit tout oublier; elle s'y plongea toute entière. « C'est comme l'entrée d'un monde nouveau », me dit-elle, lorsqu'enfin, le 16, il me fallut bien rompre avec ma réserve, ayant à lui faire part du résultat de mes recherches.

Je la trouvai me lisant dans sa chambre, assez grande, mais si sombre! sans autre vue, en face, qu'un grand mur couvert d'un lierre funéraire, qu'on a arraché depuis.

Sans affectation, je m'assis de manière à ce que ce fût elle qu'éclairât ce triste jour, et, en la regardant, mon cœur tout de suite se serra. La pauvre enfant m'apparut, cette fois, une *malade*! A chaque instant, elle étouffait, et dans cette suspension de la vie, son teint mat, admirablement pur, alors s'altérait, se troublait jusqu'à devenir livide.

N'osant la questionner, j'essayai de la distraire de son mal et de l'habituer à moi, en lui parlant de son Midi que j'avais parcouru en 1835, de son père dont elle m'avait fait connaître, en quelques lignes, le grand mérite. Je lui exprimai le bonheur que j'aurais eu à le voir à mon passage à Montauban.

Que ce père qu'elle avait tant aimé, fût en tiers entre nous, cela ne pouvait que m'être très favorable. Mon âge, en me rapprochant de lui, et par moment m'identifiant à lui, elle pourrait penser, réfléchir tout haut, en parfaite confiance. Que sa chère mémoire planât sur nos entretiens, cela surtout la rassurerait pleinement.

Elle contait à merveille, sobrement, avec une simplicité attendrissante. Lorsqu'elle en vint à la séparation, à la mort cruelle, à tout ce qui a tellement touché les lecteurs de *l'Oiseau* et des *Mémoires d'une enfant*, l'émotion l'empêcha de continuer.

Me levant alors, avec un vif élan du cœur je lui dis : « Ne croyez pas l'avoir entièrement perdu. Vous en retrouverez de plus en plus quelque chose dans l'ami qui vous parle. En quelque situation que vous soyez, il veillera toujours sur vous. Dans l'état de santé où vous êtes, ne vous hâtez pas de reprendre le travail.... » Elle en était, en effet, incapable.

D'autre part, qu'elle partît tout de suite pour le Midi, cela aussi me troublait. C'était la perdre peut-être, et je n'y étais plus résigné.

Comment se fit-il qu'avec de si paternelles affirmations de sollicitude, elle me laissât la quitter sans me dire un mot des complications nouvelles qui surgissaient sur ses pas?

Sa mère, fort honnête et fort timorée, dès que sa fille lui eut appris son arrivée à Paris, avait bien vite chargé un prêtre de Montauban, en résidence dans cette ville de *perdition*, de la lui renvoyer.

L'abbé, muni de la lettre qui lui donnait pleins pouvoirs, se présenta bien assuré de l'obéissance de celle qu'il avait connue enfant, dont les intérêts l'avaient occupé un moment, en vue de son avenir, et un peu, aussi, de ceux de sa conscience.

A sa grande surprise, il se trouva en présence d'une jeune fille respectueuse pour les volontés de sa mère, déférente pour lui, pour son caractère de prêtre, mais, en même temps, très ferme dans ses réponses, et d'une irréfutable logique.

L'abbé qui lui rendait visite le matin, voulant qu'elle partît le soir même, elle, avec un douloureux étonnement : « D'où vient cette nécessité impérieuse qui exige que je fasse, sans respirer, une nouvelle étape, en diligence, de deux cents lieues? Sans doute, c'est que vous me croyez tous, ici, en péril. Mais lorsque plus jeune de deux ans, j'ai été envoyée à quatre ou cinq cents lieues, sur terre étrangère, avec une responsabilité sans aucun rapport avec mon âge, il faut croire qu'on avait confiance en ma raison, en ma sagesse. D'où vient qu'on me la retire aujourd'hui?

« Ignorez-vous que ma sœur s'est mariée après mon départ, qu'un enfant est né, qu'ils sont trois dans la maison, ce qui fait que ma place est prise? C'est donc en dehors de la famille que doit s'accomplir ma destinée. J'ai déjà fait quelques recherches pour me pourvoir avant de quitter Paris. Veuillez écrire cela à ma mère pour calmer ses inquiétudes. Dites-lui que sa fille est la même, toujours bien sérieuse. Ajoutez que la princesse doit venir bientôt me rejoindre. »

L'abbé se retira sans insister davantage. Lorsqu'il fut parti, elle se dit qu'il fallait se hâter, chercher avec ses amis…. Courageuse, réservée — sachant ma position difficile à l'égard du clergé — sans m'expliquer les motifs qui la faisaient agir, elle m'écrivit la lettre suivante, pleine de raison et de cœur :

LETTRE I

20 novembre 1848.

Monsieur,

Je me sentirais moins digne de vous, de l'intérêt paternel que vous me témoignez, si je ne cherchais à m'aider un peu moi-même, et à diminuer ainsi vos préoccupations de mon avenir.

Mais, croyez-le bien, je ne reste pas moins reconnaissante de la grande part que vous m'avez déjà faite. Vous m'avez donné plus que tous les biens de ce monde, vous m'avez rendu l'élan de la volonté. Je pleurais sur ma destinée, vous m'avez enseigné ce qu'il y a de généreux à réserver ses larmes pour ceux qui souffrent et ne sont pas consolés.

Je vous en prie, ne prenez pas ma réserve pour de la froideur. Il est si naturel que je ne puisse oublier la grande distance que Dieu a mise entre nous.

Votre simplicité, qui ne se dément jamais, ajoute singulièrement au respect que vous inspirez.

Vous voulez bien m'appeler votre enfant, me dire que je compterai désormais dans votre destinée. Disposez donc de moi, comme d'une seconde fille. Je vous servirai d'un cœur que les épreuves ont rendu plus capable de dévouement.

A vos heures de peines, puisque vous en avez, vous trouverez que c'est bien réellement un cœur d'enfant qui vous parle, car il n'a encore rien donné.

Avec respect,

A. MIALARET.

En réalité, avide de vie cérébrale, ce qu'elle voulait, c'était d'entrer dans une Institution, mais de se conserver, en même temps, des heures libres pour me les consacrer, si je l'en jugeais digne.

Les directeurs de conscience n'aiment pas que leurs pénitentes leur résistent. L'abbé C..., considérant que Mlle M... l'était encore un peu, écrivit à sa mère : « Nous avons affaire à une révoltée ». De là, au bout de quelques jours une seconde lettre qui, cette fois, la lui remettait entièrement. Il choisirait le couvent où elle irait prendre le repos qui lui est nécessaire.

La lettre lue, avec autant de logique que d'à-propos, elle lui rappela le temps où il la détournait si résolument du cloître. Sans doute elle n'y entrerait pas pour y rester. Et pourtant, la porte une fois refermée sur elle, était-il sûr qu'elle se rouvrît jamais?

Avec émotion — j'écris pour ainsi dire sous sa dictée — elle lui remit en mémoire tout ce passé, et si bien lui en parla, qu'il s'adoucit et fut près de renoncer. A la réflexion, pourtant il se ravise. Qui sait si un autre, si le supérieur de son ordre que « Dieu remplit de ses lumières » ne sera pas plus heureux? Il veut qu'elle aille le voir. A cela, elle consent volontiers, et, dès le lendemain matin, s'achemine vers la rue de la Planche.

Le bon Père, mis au courant, l'accueille comme s'il la connaissait déjà, la fait beaucoup causer, la questionne, et par ses réponses la juge. Favorablement, sans doute, car à la fin, il essaye d'une douce séduction, flatte son amour-propre, lui dit qu'elle pourrait rendre les plus grands services à l'ordre dans lequel elle entrerait, par l'étendue et la diversité de ses aptitudes. C'était, au reste, l'opinion de tous les ecclésiastiques qui l'avaient approchée.

Le Père, en lui parlant ainsi, ne s'aperçoit pas qu'il lui découvre leurs espérances. Modestement, elle le remercie de la trop flatteuse opinion qu'il a d'elle. En retour, elle promet — peut-être, ici, avec un peu de malice — que si la grâce opère, elle reviendra leur en parler.

Il fallut bien compter avec tant de sagesse, ne rien précipiter, se résigner, attendre. Une chose était pour elle, c'est que Noël approchait, et que les deux ecclésiastiques s'en allaient en province prêcher l'*Avent*. Le matin même de son départ pour la Vendée, l'abbé C... lui écrivit une lettre de regret de l'avoir « tourmentée et fait souffrir ».

Le hasard voulut qu'en traversant la cour pour monter chez elle, je la visse devant sa fenêtre occupée à la lire. Elle aussi m'aperçut, et son premier mouvement, avant de m'ouvrir la porte, fut de cacher la lettre. Mais presque aussitôt, sa nature droite et loyale l'emporta, et la reprenant, elle me la mit dans la main, disant avec son fin sourire : « Lisez, vous verrez que vos amis les *Jésuites* ont quelquefois du bon ».

... Elle disait vrai. Sous la sèche robe du prêtre,

l'homme humain réapparaissait. Après l'avoir menacée d'user des droits dont l'avait armé sa mère, il avouait qu'il était allé trop loin et demandait son pardon. Sa lettre mérite d'être conservée.

Tout en sachant gré à celle qui l'avait reçue, de sa communication, j'avoue que je me sentis blessé de tenir du hasard sa confiance, et surpris qu'elle appartînt à ce point au monde dont je la croyais affranchie. Malgré moi, j'y allai avec trop peu de ménagements pour le lui faire entendre. Alors, sans phrases, elle me fit observer fort judicieusement que l'abbé étant un ami de sa famille, il était tout naturel qu'il lui eût été délégué. Pour ce qui regardait sa mère, il serait difficile de paraître résister aux ordres qu'il lui avait transmis. Il lui fallait se hâter de fixer sa situation ou bien se remettre en route. Elle disait cela simplement; l'accent seul trahissait le remous douloureux qui oppressait son pauvre cœur. A mon tour, je l'avais blessée.

M'oubliant pour ne penser qu'à elle, d'un grand élan, je la priai de différer : « Si triste que soit votre solitude, dans cette sombre chambre, vous n'y êtes pas seule. Restez, chère enfant, quelques jours encore... restez et espérez!... »

Était-ce lui conseiller de désobéir?... Grand Dieu, non. Jamais cela ne m'était arrivé avec les jeunes filles qui m'avaient fait l'honneur de me consulter. Toujours, je les avais détournées de rester seules à Paris.

Mais ce que voulait celle-ci, sage entre les sages, c'était précisément le contraire. Libre pour la première fois de sa vie, l'usage qu'elle faisait aussitôt de sa liberté, c'était de se créer de nouvelles entraves. Comment, dès lors, dans un état de santé si fragile, exiger d'elle ce retour précipité?

Il y avait, cette nuit-là sur ma montagne du Panthéon, grand vent et grande tempête. Il y en eut aussi quelque chose dans le flux et reflux des pensées dont j'étais battu moi-même. Pour l'apaiser, cette tempête, il n'y avait qu'un moyen, c'était de suivre la voie du devoir, de se dire : « Dieu me l'envoyant, quoi qu'il arrive, je la veillerai, je l'assisterai ». Et pour en avoir le droit, dans cette nuit du 21 au 22 novembre, je l'adoptai de cœur.

N'était-elle pas, d'ailleurs, déjà mienne? Cette terrible année 1848 ne l'avait-elle pas mûrie pour moi d'une étonnante manière? Nulle fille de vingt ans ne passa par de telles épreuves. Chez nulle autre, les mouvements spontanés et la destinée personnelle ne coïncidèrent si singulièrement, avec le cours des événements publics.

Avant la révolution du 24 Février, on sent qu'un grand orage logique, une révolution religieuse se

débat dans son esprit, et cela, dans une simplicité,
un naturel qui imposent le respect.

Pour ne me laisser aucun doute sur la gravité
de ses rapports avec le clergé, la première fois
que je la revis, elle crut de son devoir de me remettre les brouillons de ses lettres, et en général
toute sa correspondance. Elle roulait sur une infi-
nité de matières sérieuses, les idées, les événements. Rien de plus austère, et de plus intéres-
sant aussi, que de suivre sa vie jour par jour.
Toutes ces lettres ont un caractère ferme et pur.
Après un mot d'amitié ou de gratitude, elle reste
sur le terrain des idées. Évidemment, une demoiselle qui a le temps d'écrire ces longues lettres de
philosophie, de politique, d'éducation, même à
des indifférents, n'a pas le cœur rempli encore, et
n'a d'amour que sa pensée.

Elle le révèle elle-même, sans y songer, précisément dans sa lettre du 20 novembre. Aucune
sensiblerie, aucun manège, et l'on sent qu'elle
n'en a essayé jamais avec personne. Sa sincérité,
dans le dernier mot de sa lettre, n'attendrit que
davantage. Elle rouvre une correspondance qui
va devenir quotidienne.

En retour du don qu'elle me faisait de son âme,
— elle est tout entière dans ses lettres, — je voulus
lui offrir une bonne action que j'avais faite de

concert avec M. Quinet : une lettre au roi de Prusse pour sauver la vie au Polonais[1] Mieroslawski, et une lettre aux *Suisses* pour sauver les Jésuites, qui, disait-on, sans doute avec exagération, avaient tout à craindre des vengeances du peuple opprimé (1848). Nous avons toujours été, je ne dirai pas cléments, mais *tendres pour nos ennemis*.

C'est une faiblesse, sans doute, mais ce n'était pas de celles qui déplaisent à une femme. Elle lut, me serra la main, ne dit que ce simple mot : « Ces deux actes sont d'un grand cœur ».

Maintenant, avec cette rare énergie morale qui se révélait dans ses lettres et dans ses paroles, comment se faisait-il qu'elle ne pût arriver à se remettre physiquement? C'était pour tous une énigme et une alarme, de la voir de plus en plus pâlir et languir.

Jamais elle ne me parut si près de la mort, qu'un jour où ma fille, plus âgée qu'elle de deux ans et mariée, l'avait conduite dans un pensionnat où elle désirait entrer. La course avait été longue, elle revenait exténuée, frissonnante. Pour se réchauffer, elle avait jeté sur ses épaules une palatine en hermine, présent de la princesse. Pendant qu'avec effort, elle cherchait à mettre un peu

---

1. Voir OEuvres complètes : *La Bible de l'humanité. — Une année du Collège de France*, pages 613 à 615.

d'ordre dans ses idées pour me raconter ce qui s'était dit, je la regardais et la voyais, avec terreur, plus blanche que son hermine, pâle et blanche à charmer, à effrayer.... Ce qui surprenait, c'était que si atteinte, ayant toutes les grâces de la douleur, tout ce qui peut toucher et fondre le cœur, elle n'en profitât pas, ne cherchât pas à attendrir, ne parlât jamais des maux qu'elle souffrait injustement, et qu'elle semblât toujours résignée.

Ce jour-là, je n'y pus tenir. Enhardi par l'intimité de sa chambre faiblement éclairée d'un feu mourant, j'osai l'interroger.

Sans aucun embarras, elle me répondit : « J'évite de parler de mon mal, afin de ne pas m'affaiblir moralement. Tout ce que j'éprouve est la conséquence de mon voyage en Allemagne, dans le grand hiver de 1846. Au Midi, décembre avait les tiédeurs de l'automne. Qui pouvait se douter que dans le Nord, je me trouverais tout à coup en Sibérie?

« Aucune précaution n'avait été prise. En avançant dans le cœur de l'Allemagne, les diligences refusant leur service à cause de l'épaisseur de la neige qui couvrait tout, je dus traverser l'immense plateau de Bavière, dans une sorte de traîneau par un froid de 25 degrés. C'était la nuit, nous roulions sur le désert. La neige continuait à tomber en fine poussière, qui s'amoncelait au fond du véhicule, et prenait corps en se gelant. Mes pieds qui n'étaient protégés que par de minces chaussures, entre deux relais fort distancés, se soudèrent si bien aux glaçons, qu'on eut toutes les peines du monde à les dégager. Le froid avait gagné le cœur; je fus en grand danger, étant atteinte aux sources mêmes de la vie.

« De là, sans doute, la grande maladie que j'ai faite à Vienne, qui m'a laissé d'indicibles malaises. Je crois que c'est un mal sans remède dont il vaut mieux ne point parler. »

Alors, je me rappelai qu'une après-midi où je l'avais conduite avec son amie au musée du Louvre, elle s'était arrêtée devant *le Déluge* du Poussin, où l'on voit les naufragés chercher à se reprendre au roc, à la vie... vainement. Chaque effort qu'ils font pour échapper les épuise, ils retombent dans les flots.

Ce fut un trait de lumière. En la quittant, je me dis tout bas, en mon cœur : « Non, chère enfant, tu ne succomberas pas, mais avec moi tu vivras ».

Seulement, pour l'envelopper, la protéger, la sauver, il fallait qu'elle ne tombât pas en d'autres mains que les miennes, tendres et paternelles. Cela décida tout.

Le lendemain, pour la réconforter, je lui écrivis ma première lettre parisienne. Combien j'avais besoin moi-même qu'elle vînt à mon aide, étant à la veille d'un grand naufrage. Des signes précurseurs pouvaient m'avertir. Mon paisible bureau des Archives était ébranlé. La mort de M. Letronne, qui semblait me faire le gardien d'une maison où j'avais vingt ans de services, n'avait fait que me donner pour chef un ennemi malin et malicieux.

Au Collège de France, l'esprit étroit et policier de son administrateur faisait le jeu du parti de la réaction. Mes livres d'enseignement, que la Restauration même avait acceptés, commençaient à être mis à l'index. Ajoutez les déceptions amères dont je bus jusqu'à la lie dans cette année 1848.

Et pourtant, je voulais, avant de lier sa destinée à la mienne, la préparer à considérer ces maux comme des biens. Pour cela, il fallait rendre nos communications plus fréquentes, afin de lui expliquer ce qu'avait toujours été ma vie, honorée, mais le plus souvent, entravée, sinon persécutée par le pouvoir.

De là, ma lettre du 26 novembre 1848.

LETTRE II

26 novembre 1848.

Chère, bien chère fille,

Dans cette longue nuit inquiète que je viens de passer, vous savez dans quelles pensées, — une me frappait surtout : La plupart, des choses que j'ai cru, un moment, être des maux que j'ai amèrement déplorés *se sont trouvées être des biens*, à mesure que la vraie lumière se faisait sur ma situation. N'en serait-il pas de même pour vous?

Sans vos récents déchirements, vous restiez dans une situation moins digne, à coup sûr, du grand cœur, du charmant esprit que je sens en vous. La lumière s'est déjà faite pour vous, ou se fera bientôt sur ce point. Ce qui reste d'obscur et d'incertain s'éclaircira, je l'espère, et bien plus heureusement, car enfin, dans l'obscurité *vous n'êtes pas seule*, vous avez la tendre et sainte amitié.

Si vous priez, ce matin, je m'unis à vos prières.

Ma foi à la Providence va s'augmentant au milieu de mes luttes religieuses. J'y eusse été moins hardi, si je n'avais vu marcher devant moi cette lumière d'avenir.

Je sentais que parmi ces épines, j'aurais aussi ma récompense, et je ne me suis pas trompé, puisque vous êtes venue à moi, me rajeunir, et me rafraîchir de vos jeunes larmes. Elles sont tombées une à une, sur mon cœur, elles l'ont désaltéré. Que ce soit pour

-vous un dédommagement dans vos tristesses, de savoir combien vous avez consolé celui. qui vous consolait.

Si vous sortez aujourd'hui ou demain, et que ce ne soit pas avec Mlle Mathilde, nous ferons, si vous voulez, un petit voyage d'Italie, au très beau panorama qui représente le plus ancien et le plus sublime monument de Rome. Rome a cela de bien grand, que ses ruines consolent de tout.

Tendre respect,

J. MICHELET.

8 heures, dimanche matin, 26 novembre 1848.

Si nous allions au Panorama, j'irais vous prendre à une heure. Veuillez me répondre.

LETTRE III

26 novembre 1848.

Monsieur,

Votre lettre si affectueuse vient de m'arriver au réveil; elle m'a touchée et consolée.

Je vous bénis, comme votre enfant, de jeter ainsi quelques lueurs sur ma vie, et de me rendre l'espoir en l'avenir. C'est là un bienfait d'autant plus précieux, qu'il était moins attendu.

Votre invitation me rend bien heureuse, mais j'ai rendez-vous à l'heure que vous m'indiquez pour régulariser ma situation.

Je rentrerai à deux heures, et resterai chez moi jusu'à cinq. Je n'ose vous déranger si tard.

Veuillez agréer mes sentiments de reconnaissance et de dévouement.

A. MIALARET.

Cet ajournement me rendit triste. Je commençais à ne plus pouvoir me passer d'elle un seul jour. Nous ne parlions pas de nous, et le plus souvent nous nous nourrissions de pensées tristes et fortes en rapport avec nos pressentiments. Mais cela même m'était devenu nécessaire.

Oui, lorsque je reviens sur ce passé, je me dis que ce fut une bénédiction du ciel, ou plutôt une *prédestination*, le mot n'est pas trop fort, il *n'est que juste*, de rencontrer, précisément à la veille de ces jours tragiques, ce jeune cœur simple et vaillant. Sans elle, pourquoi ne le dirais-je pas, le 2 décembre venant après les journées de juin, c'eût été trop. La douleur, cette fois, m'eût tué.

Oui, je serais mort sans ma malade, je serais mort sans ma mourante en qui passa ma vie. Secours d'autant plus indispensable, que personne autour de moi ne paraissait se douter de la profondeur de ma blessure et de l'aggravation qui résultait pour elle de mon isolement.

Le 29 au matin, j'écrivis à un ami de mon

gendre, devenu le mien[1], pour qu'il le préparât à comprendre que, si je voulais vivre et travailler encore, il fallait me créer au plus tôt un véritable foyer. Sans doute, dans ma lettre, je ne m'expliquais pas si nettement, mais, sous les réticences, il pouvait comprendre que je ne m'appartenais plus.

A elle, j'écrivis aussi, afin qu'elle se décidât à se soigner, à sortir, prendre l'air, à vivre enfin.

LETTRE IV

Novembre 1848. — 3 heures de nuit.

Ma chère fille, ma blanche demoiselle,

Je ne puis vous voir si pâle, sans une véritable douleur. Prenons donc, je vous en prie, un peu d'air, de soleil, de vie, pendant que nous le pouvons. Victime du travail obstiné, je me sens, moi aussi, respirer de moins en moins.

Vous pouvez sortir sans moi, je le sais, mais alors, vous ne dites point librement ce que vous avez dans l'âme. *Respirer*, c'est aussi parler, épancher ses tristesses, ses chagrins.

Permettez-moi donc, aujourd'hui, de vous prendre chez vous, un peu avant *deux* heures. Faisons quel-

---

1. M. Eugène Noël.

ques pas ensemble, aux Tuileries, si vous voulez, du côté abrité du Nord.

Je vous en prie, et supplie, ne me refusez pas, si vous n'avez point d'engagement. Une larme me vient du cœur en vous demandant ceci.

J. MICHELET.

III

LES ÉPREUVES

DÉCEMBRE

1848

III

LES ÉPREUVES

DÉCEMBRE

1848

Ici, je dois prendre la plume pour dire que ce fut seulement le 1ᵉʳ décembre que nous fîmes cette promenade désirée, sur la terrasse des Tuileries, celle du bord de l'eau, la plus agréable de Paris, dans la saison d'hiver.

La veille, croyant me voir « flotter un peu, et ne bien prendre les idées nouvelles que sous la forme du passé », il m'avait écrit ceci :

LETTRE V

30 novembre 1848.

Je prie Mademoiselle de jeter un coup d'œil sur

le chapitre indiqué; c'est une lecture pieuse et du dimanche[1].

Une idée m'est venue que je lui communiquerai, et qui changerait beaucoup de choses. J'aurais eu l'honneur de la lui expliquer, si je n'avais craint de troubler l'arrangement de sa journée.

Hommage et tendre respect.

J. M.

Cette lettre était-elle une préparation à ce qu'il voulait me dire? Oui, sans aucun doute.

Nous allions et nous venions, de la place de la Concorde au château des Tuileries, et chaque fois, le palais inhabité, triste, et comme en deuil de ses hôtes disparus, s'imposait à nos yeux. Ce fut le point de départ de notre entretien. M. Michelet me raconta, avec des paroles attendries, la destinée de chacune des princesses dont il avait été le professeur d'histoire.

Ces souvenirs étaient si récents, qu'il ne put les évoquer sans que son cœur ne lui échappât : « Et moi aussi j'ai été frappé, non par la Révolution de Février, qui m'est apparue l'aube radieuse d'un jour nouveau, mais par les derniers événements qu'a produits la réaction; par l'horrible guerre entre frères dans les Journées de Juin. Partout des

[1]. C'était un chapitre du livre du *Peuple*. Il ne parlait pas, du reste, mais espérait, sans doute, que je lirais tout, et d'abord la *Préface* qui devait tant m'émouvoir.

ruines ! La blessure avait été si profonde, qu'en les parcourant, je m'appliquai le mot d'Henri IV, après la mort de Gabrielle : « La racine de mon « cœur est morte, et elle ne rejettera plus ».

« Pour qu'elle reprît en moi, il eût fallu d'autres conditions de vie intime, je veux dire la douceur d'un véritable foyer ; mais cela aussi je l'ai perdu.

« Perdu ! répliquai-je avec étonnement. Et vos enfants ?... Par eux, ne l'avez-vous point conservé ?

« Oui, en apparence ; non, en réalité. Mon fils, qui suit une voie différente de la mienne, est à Strasbourg. Mon gendre me reste, mais il a pris un grand essor [1].

« Ma fille, bonne musicienne, avec une belle voix mordante, cultive son art, prend des leçons, suit les cours du Conservatoire, a chez elle des soirées musicales. Son fils aussi l'occupe.

« Ils ont voulu vivre près de moi, non avec moi. J'ai adhéré. Il en résulte que bien souvent je suis entre deux vieillards : mon oncle et le père de mon gendre, avec qui je n'ai point de langue commune.

« Le côté sombre de cette situation isolée, c'est qu'aujourd'hui, mon appartement ne me rappelle

---

[1]. Voici ce qu'en dit M. Michelet dans sa lettre adressée à M. Noël, le 29 novembre : « Il arrive (grâce à Dieu) qu'Alfred est un homme et l'un des premiers du temps. Il a pris ses ailes, il vole. Son cœur reste avec moi, sans doute, mais maintenant son esprit suit sa propre voie. C'est pour moi un bonheur, une gloire, mais je n'en suis pas moins seul. »

plus que des deuils. Ma première femme, qui par certains côtés, surtout par l'excellence du cœur, vous ressemblait, n'y est guère entrée que la veille de sa mort[1].

« Trois ans plus tard, ce fut le tour de Mme D. Son fils n'était pas encore mon gendre. C'est en juillet 1840, que je les ai connus. Le soir même de leur première visite, je partais pour le pays de Virgile, et dans la préoccupation que j'en avais, je ne les écoutai que d'une oreille distraite.

« Mais l'été suivant ils me revinrent, et m'invitèrent à les aller voir en Normandie, aux portes de Rouen.

« Ce fut une liaison rapide. Quand je les revis en octobre, Mme D. me parut si atteinte du mal qui devait l'emporter, que je fus pris par la compassion. Et, plutôt que de la voir descendre dans un hôtel, je lui rendis l'hospitalité de quelques heures qu'elle m'avait donnée, en lui offrant la portion de mon appartement que je n'habitais que l'été.

« Elle en est sortie, neuf mois après, pour monter au Père-Lachaise (1842).

« Avant de mourir, elle m'avait recommandé son fils. Je fis mieux que de l'adopter, je lui donnai ma fille. Ils se sont mariés en août 1843.

1. Mme Pauline Michelet est morte en juillet 1839.

« De ce jour, je restai seul avec mon père, douce habitude. Depuis ma naissance, j'avais toujours partagé sa vie. Mais lui aussi, en 1846, m'a quitté.

« Maintenant, lorsque j'erre dans ce grand appartement silencieux, à chaque pas, mon cœur se heurte à de douloureux ou de cruels souvenirs. Partout le vide....

« Mes enfants n'étant pas avec moi, le plus sage eût été de m'en éloigner après les *Journées de Juin*. De mes fenêtres, j'en avais eu la vision sanglante. J'y ai plusieurs fois songé, et même à sortir de Paris.

« Ne faisant pas de voyage cette année, j'ai employé mes vacances à chercher dans la banlieue. Les jours courts ont interrompu mes pérégrinations. »

Il se tut un moment, puis, tout à coup, comme saisi par une idée subite : « Mais puisque votre médecin de Vienne vous a conseillé la vie au grand air, pourquoi ne les reprendrions-nous pas ensemble ? »

J'ai toujours adoré la campagne, et j'en étais sevrée depuis mon départ de France. Cette proposition inattendue, me fit éprouver une joie d'enfant. Dans mon impatience, je m'écriai : « Si nous les commencions dès demain ? »

Il faut bien le dire : les champs, les bois dépouil-

lés. exerçaient sur M. Michelet une attraction moins vive. En rêvant tout haut d'un foyer dans la solitude, il espérait me faire entendre le fond de sa pensée. Voyant la mienne ailleurs, il saisit la main que j'appuyais à son bras et cette fois sans préambule :

« Chère enfant, ne comprenez-vous pas ce que je veux vous dire, ne voyez-vous pas, à mille signes, que mon âme est malade, et qu'elle a besoin de secours ? Qui, si ce n'est vous, pourra désormais le lui donner ? Sans vous, je ne suis rien. Avec vous, je sortirai des épreuves du passé, augmenté, plus fort, plus puissant, plus fécond. J'aurai ce que jusqu'ici j'ai cherché vainement, un renouvellement de mon action sur le monde.

« Je sais les obstacles. Le premier de tous vient de moi. Il tient à l'énorme différence d'âge qui est entre nous. — Sans doute, je pourrais dire qu'à part l'usure du travail quotidien, je suis peut-être de tous les hommes du temps, celui qui a le plus économisé la vie. — A cinquante ans, si j'arrivais à l'harmoniser, je serais plus productif que je ne l'étais à trente.... »

Jusque-là, je l'avais écouté sans l'interrompre. Ici, je protestai : « Des obstacles existent, mais non pas celui-ci. ».

Il ne me laissa pas achever. « Je crois, amie, ce que vous me dites. Telle que je vous connais déjà, je dirais même, que si, en ce sens, il y avait un sacrifice à faire, c'est là précisément ce qui tenterait votre grand cœur. Voilà pourquoi vous m'avez conquis si vite, et si fortement lié. Aujourd'hui, je ne m'appartiens plus; c'est en vous que je me cherche; c'est de vous, de votre décision, que j'attends ce qui sera pour moi la vie ou la mort. »

Si nous eussions été seuls, pour unique réponse, je me serais — comme sa fille — jetée dans ses bras.

Sous le regard des promeneurs curieux intrigués de notre émotion, qui semblaient se demander ce que nous étions l'un à l'autre, il fallait bien se contenir.

Presque à voix basse, je lui dis : « Conduisez-moi chez mon amie qui m'attend, je vous écrirai ce soir. » Il me remercia d'un serrement de main, et nous revînmes silencieux.

A onze heures, lorsque je me retrouvai seule dans ma chambre, n'ayant pu de la soirée penser à autre chose qu'à cette réponse que j'allais faire, le moment me parut si solennel, que je tombai à genoux, me demandant si c'était à elle, cette grande âme, de *prier et de souffrir!*...

N'était-ce pas à celle qu'il rencontrait si tard, de se dévouer, comme il le voudrait? Je ne pensais point au mariage, mais seulement à ce que je pourrais faire pour lui, mes habitudes de travail se rapprochant des siennes. Étant indépendante, quel bonheur plus grand que d'être son aide, sa fille par le cœur et l'esprit!

Des craintes pour l'avenir, il y en avait sans doute, si nous nous attachions trop l'un à l'autre. Mais ces craintes, je les avais pour lui, non pour moi. Si ma confession faite, il me croyait toujours nécessaire à sa vie, d'un grand élan je lui ferais le don absolu de ma destinée.

Minuit sonnait quand je pris la plume.

LETTRE VI

2 décembre 1848.

Monsieur, ami!

Je reste troublée au fond de l'âme de notre promenade. Vous m'avez trop laissé voir votre blessure, pour que j'aie encore le droit de me taire.

Tout mon cœur a failli m'échapper lorsque vous m'avez dit de cet accent profond qui n'est qu'à vous : « J'attendrai de votre décision ce qui sera pour moi la vie ou la mort. » Ah! de grâce, avant tout vivez! Celui qui nous a conduits l'un vers l'autre ne veut pas que vous mouriez. Tant d'âmes attendent leur vie de la vôtre!

Vous ne pouvez leur être secourable, et les guérir de leurs maux, qu'en gardant la liberté de votre génie.

Votre compassion pour mes souffrances vous crée

un mirage, vous me voyez telle que votre cœur me voudrait.

J'ai le devoir d'être courageuse, et de vous rappeler au sentiment du réel. Au physique, par ma santé, je suis peut-être en péril. Vous vous effrayez vous-même de me voir « si blanche, si pâle »! Comme esprit, je suis encore l'enfant qui se cherche; je n'ai rien à donner qu'un immense bon vouloir.

Vous me dites que c'est déjà trop, qu'avec moi, vous serez augmenté, plus fort, plus puissant, plus fécond; que vous aurez dans la vie à deux, toujours vainement cherchée, un renouvellement de votre action sur le monde.

Mais si tout cela n'était qu'une illusion de votre tendresse? Si le lendemain, trop tard, vous alliez vous retrouver seul? — Pensez-y, je vous en conjure. — Je vous ai promis d'aller vous voir demain, avec mes amis de la rue de Savoie; je tiendrai ma promesse. Devant témoins, nous serons forts contre nous-mêmes.

Plus l'heure est grave, plus je sens le besoin de mettre Dieu entre nous. Ce n'est pas sans l'avoir prié à deux genoux que je vous écris ceci.

Quoi qu'il arrive, après un tel jour, je resterai *vôtre*. — Je vous suivrai dans la liberté ou la fatalité. — Ne me parlez plus jamais de la différence d'âge qui est entre nous. Ceux qui ne peuvent mourir restent jeunes éternellement; le temps, pour eux, est sans durée.

Tel je vous vois aujourd'hui, et tel je vous verrais dans mille ans, si je les vivais, toujours paré d'une divine auréole.

Sérieux, comme nous le sommes, à l'entrée de ce

monde nouveau, ce sont nos âmes qui vont l'une vers l'autre. Ici-bas, je serai pour vous ce que, dans mon désir d'indépendance, je n'eusse été pour personne. Je serai *vôtre*, si entièrement, que je ne me retrouverai plus.

A. MIALARET.

LETTRE VII

3 décembre 1848, 6 heures du matin.

Je vous remercie à genoux. Nulle parole ne suffirait et combien, pourtant, j'ai besoin de vous dire ce que j'éprouve !

J'ai relu votre lettre, toute la nuit, de minute en minute, n'osant trop en croire mes yeux. Je l'avais reçue hier au soir, pendant que vous étiez là ; je suis rentré transfiguré. Ma fille me l'a dit plus tard. C'est à la lettre que j'appliquais le mot de *violent bonheur* que j'ai trouvé occasion de dire au sujet d'autre chose.

Adieu, chère fille et chère amie, chère... comment faut-il donc dire ?

J. MICHELET.

Je vais chez le Dr Rostan à midi, et chez vous, au plus tard, à une heure et demie....

Dès le matin, j'avais écrit à Noël le don qu'elle m'avait fait de son âme.

LETTRE VIII

M. MICHELET A M. EUGÈNE NOËL[1].

Dimanche, 3 décembre 1848.

J'ai différé de vous écrire, cher ami, quoique pensant bien que vous n'étiez pas sans inquiétude, sur ce que ma fragile barque chargée d'idées et d'études devenait dans cet orage. Je ne savais pas assez, moi-même, où je naviguais, et comment, pour pouvoir bien vous le dire.

Ce qui vous effrayera encore plus, peut-être, qu'aucun orage, c'est qu'il n'y a pas d'orage; mais un état vraiment grand, calme dans la passion même, et tout à fait solennel. Jamais mon cœur, je le sens, ne fut plus pur, ni plus haut. On s'est très courageusement donné, et j'ai accepté. — Donné! comme don naturel, nécessaire et légitime, avec la confiante décision et la fierté de l'honneur.

Et moi, j'ai accepté aussi, sans savoir que j'acceptais; tout cela était selon ma nature, dans la destinée de mon cœur, recouvrant une chose mienne, une partie trop longtemps égarée au loin de moi-même. Puis la réflexion est venue, et j'ai d'autant plus accepté.

C'est une adoption, mon ami, et définitive.

Consummatum est.

Quelle en pourra être la forme? Le temps le dira.

Est-ce ma *femme* ou ma *fille*? Ceci même est secon-

---

1. M. Michelet a indiqué qu'elle devait être publiée ici.

MADAME J. M

daire — mon tendre respect est tel, que ce profond lien d'esprit ne se matérialisera pas, j'en suis sûr, au moins par entraînement. S'il doit prendre ce caractère, ce sera encore un fait de l'esprit, je veux dire une volonté expresse, et manifestée par devant le monde.

Le temps! c'est lui qui fera tout. Est-il pour nous, ou contre nous? Je n'ose essayer de le pénétrer, dans l'état d'extrême langueur où je vois cette personne si forte d'esprit et d'âme. Je vois de grandes ombres à l'horizon, et la chance cruelle de m'être ainsi réuni à moi-même pour être déchiré bientôt.

Dites-moi donc pourquoi je n'ai jamais pu m'attacher qu'à ce qui devait mourir?

Je vous prie, mon ami, de faire en sorte qu'à ce déchirement possible ne s'ajoute pas le déchirement actuel de voir les miens malheureux du partage de mon cœur. Vous pouvez beaucoup sur Alfred, parlez-lui franchement de ceci : Depuis *Juin*, depuis le temps où Alfred (grâce à Dieu) a si bien déployé ses ailes, ma vie était sombre et seule. Puis, ayant ajourné plusieurs de mes espérances politiques et sociales, j'étais retombé sur moi-même. Et, en conscience, le travail patient de l'érudition historique n'était pas pour me satisfaire pleinement.

Voici que m'arrive un matin, cette jeune fleur, parée de ses larmes, si touchante de malheur, de courage et de raison. Ces larmes m'ont rafraîchi, brûlé que j'étais, de tant d'événements, d'une sorte de hâle intérieur que me laissaient au passage mes tristes et rapides pensées. C'est une rosée qui m'est venue comme une fraîcheur d'aurore. Me voici, en dépit du temps, comme un oiseau plein d'espérance, qui suspend, un matin, son nid.

Je vous embrasse de cœur, et désire très vivement que vous puissiez venir nous voir.

Combien je vous remercie de votre admirable lettre, de l'élan de votre cœur. Père et frère, vous avez raison.

J. M.

Nous venions à peine de lier nos destinées, que la chose que nous cherchions pour elle, se rencontra : une Institution où elle serait mieux que dans un hôtel, si respectable fût-il.

Je lis dans mon Journal quotidien que j'écrivais pour elle :

Décembre, mardi, 5. — Elle va décidément quitter la chère petite rue Saint-André-des-Arts, pour aller habiter bien loin de moi[1]. Ce qui augmente mon inquiétude, c'est que sa nouvelle chambre, tournée au nord, et carrelée, n'est guère propre à une malade. On a promis de lui en donner une au midi, mais quand? Ce qui me trouble aussi, c'est qu'il est impossible de lui faire rien accepter. Aujourd'hui, j'ai acheté avec elle un petit tapis, que je voulais lui offrir. Quand elle a su que je le

---

[1]. Mlle Mialaret passa les trois mois qui s'écoulèrent jusqu'à son mariage, du 11 décembre au 12 mars, dans l'institution de Mme Bachellery, rue du Rocher 52. J. M.

lui destinais, elle l'a refusé bien doucement, et m'a obligé de le donner à ma fille. Nous somme revenus à pied, retour rapide et triste. J'avais le cœur serré. Partout des lumières aux fenêtres de la place Vendôme. — La foule attend Louis-Napoléon. — Sombres pressentiments.

A cette tristesse d'une séparation prochaine, vinrent s'ajouter celles de la famille. Les difficultés déjà surgissaient, et je cherchai à les aplanir.

De là, du 5 au 11 décembre, une interruption dans les lettres que je commençais à lui écrire chaque jour. Comme consolation — ayant pris un congé d'une semaine — toutes les après-midi, je lui faisais voir les monuments de notre quartier, nos vieilles églises qui ont été si fortement liées aux commencements de notre histoire nationale ou à celle du moyen âge.

Ensuite, je la conduisis à notre église des sciences, au Muséum. M. Chazalès, préparateur d'Isidore Geoffroy Saint-Hilaire, nous dirigeait à travers les collections. Dans une salle bien chauffée, se tenait assis le pauvre chimpanzé poitrinaire et mourant. Il y avait foule autour de lui. Mon amie en avait grand'pitié. Il s'en aperçut, et fit le geste de lui tendre la main. Elle approcha la sienne; il la prit, et, délicatement, lui ôta la bague qu'elle portait au doigt. Après l'avoir examinée longuement, pensivement, il regarda longuement aussi celle à qui appartenait le bijou, et le lui rendit.

Rien de plus navrant que ce regard. Un Voltaire des singes expirant !

Le temps était admirablement beau. J'en profitai pour asseoir au soleil sur un banc, contre le chalet, ma bien chère petite amie; je la contemplais sous ce doux rayon d'hiver, qui semblait un sourire d'amitié, — un sourire demi-voilé, pour ménager l'enfant malade, un sourire nullement triste, ou, s'il était nuancé de mélancolie, c'était comme un fond léger d'inquiétude, qu'une excessive tendresse garde même au sein du bonheur. Je n'avais pas encore senti un si doux regard du ciel.

De là, nous sommes entrés dans la grande serre. Les futures serres tièdes seront un immense promenoir d'hiver, où l'on pourra causer tout le jour, en compagnie des plantes, dans la camaraderie des animaux qui vivent là, quasi libres, ne souffrant pas trop de la captivité.

Tout en cheminant, je lui exposais comment le *Muséum* pourrait être un moralisateur, pour ceux qui le visitent, et par la religion de la nature, et par l'héroïsme des voyageurs, des inventeurs, etc.

Au lieu de l'éblouir de la variété infinie des collections mortes, je pensais qu'il valait mieux, dans chaque genre, l'arrêter sur un spécimen de la vie fixée, et de la vie de passage vers un autre genre, lui faire sentir dans cette échelle, l'unité divine de la Nature. Fort relevés tous deux par ces hautes pensées, où plusieurs fois son bon et grand cœur s'est révélé.

9, Samedi. — La condition dure de cette histoire est de me séparer de ma vie intérieure de philosophie et d'amour. J'ai le ciel dans mes mains, la lumière du ciel, et, de moment en moment, il me faut redescendre sur la terre de fer, sans ciel, ni rosée pour rafraîchir mon âme. Quand pourrai-je, à la sienne, jeune et charmante, qui est mon renouvellement, offrir la source incessante de vie. Elle est à mon esprit ce qu'était au géant de la fable la terre aimable et féconde; il lui suffisait de la toucher pour reprendre des forces.

Avec elle, je le sens déjà, les choses en apparence petites sont élevées et agrandies. Mon cœur près d'elle, va s'approfondissant. Il se fait, se tisse, pour ainsi parler, de deux fils, celui de ma pensée se mêlant à celui de ma passion individuelle.

Ah! qu'elle me fait mieux comprendre les religions de la nature! Combien, depuis que je la connais, j'ai remonté de cœur vers le doux, le profond, le mystérieux Orient!... Je me sens tout Indien, plein de dévotion et de ferveur, devant ces lueurs de Dieu saisies dans la femme.

Ce n'est pas ici, il est vrai, une simple religion de la nature, comme celles de l'Orient. J'aurais tort de dire que cet objet de religion soit seulement une créature charmante, comme une fleur d'Asie, qui trouble les sens, qui enivre, sans savoir ni vouloir.

Non, j'ai trouvé en celle-ci les deux choses qui sont faites pour imposer l'adoration : la Nature et la Sagesse.

10, *Dimanche.* — Continuation d'un temps éthéré, sublime de légèreté. Le matin, j'écris : *mai 92...* Ensuite, je vais la prendre pour la conduire chez Lamennais. Ils causent ensemble de la révolution de Vienne, à laquelle je ne savais pas qu'elle eût été si directement et si tragiquement mêlée.

En quittant cette âme tourmentée de Dieu, il était tout naturel de parler religion. Je l'ai fait avec une grande plénitude de cœur. Elle entend si bien tout, que pour me résumer et lui caractériser aussi la religion du temps qui va venir, je n'ai dit que ces trois mots :

Dieu, la Patrie, le Foyer !

Voilà l'éternel, dans tous les mondes possibles.

Lundi. — Les difficultés de famille sont fréquentes dans un second mariage, quand les enfants ne sont pas émancipés. Ici, non seulement ils le sont, mais encore, ils se sont séparés volontairement de moi. Donc, je suis libre, et ce qui ajoute à la liberté que je tiens d'eux, c'est qu'en mariant ma fille, je lui ai donné et au delà, le revenu de tout ce que je possède et qui est au nom de mes deux enfants autant qu'au mien.

Ainsi, mon mariage, s'il devenait possible, ne léserait point les intérêts des miens, — Ce qui me reste, mes deux places, est fort menacé[1]. Quant à mon *Histoire de la Révolution* que j'écris en ce moment, elle me coûte au lieu de produire. Ce serait donc elle, la pauvre enfant, qui aurait à souffrir de ma pauvreté.

Au point de vue moral, je garde tous les ménagements possibles. J'écris à peu près tous les jours à Noël pour qu'il serve d'intermédiaire, les communications directes avec mon gendre devenant de plus en plus difficiles.

Ce matin, je n'ai pu me tenir d'en écrire à son ami :

« Je sais la tendresse naturelle, universelle des fils à l'égard des pères, cette appropriation si forte qui fait qu'à la moindre part que le père se fait au soleil, dans la vie du fils, celui-ci souffre et s'indigne. Pour moi, cette vie très sombre, sans

---

[1]. M Michelet perdit le Collège de France en 1851 ; — les Archives en 1852.

dédommagement personnel, cette vie prodigieusement laborieuse, accablée de toutes les douleurs de l'histoire, doit-elle être ma seule vie? J'en doute encore. Qui renonce aisément dans ce monde au bonheur? » (11 décembre 1848.)

Aujourd'hui même, elle a quitté la rue Saint-André-des-Arts. Éloignement cruel! De bonne heure, je suis allé la voir, lui dire adieu. Et ce soir, dans un grand élan, je lui reviens tout entier, reprenant avec bonheur, mes lettres quotidiennes si malheureusement interrompues.

LETTRE IX

11 décembre 1848, 5 heures du soir.

Je rentre, et je vibre encore, au sentiment si profond de cette ombre de bonheur. Bonheur immense déjà. Et si glorieux pour moi, que vous m'ayez jugé digne que vous vous confiiez à moi. Oh! que vous avez raison, et que vous êtes en bonnes mains, respectueuses et tendres. Je me sens comme le prêtre qui porte à l'autel son Dieu.

Il ne me fallait pas moins, dans cette première épreuve, ce moment sévère pour moi.

Vous n'entrez pas au cloître, je le sais, et je vous verrai. Mais où est la petite chambre où je vous ai connue, amie, et si saintement aimée? Ce lieu, je le quitte avec une peine extrême, un véritable arrachement. C'est comme une personne que j'aurais perdue là. A l'approche du soir, au reflet de la flamme je disais (vous en souvenez-vous?) : *Si c'était notre foyer ?*

J. M.

12 décembre, 7 heures du matin.

J'ai passé toute la nuit sans un moment de sommeil. Et voici enfin un petit jour qui commence, un petit jour gris de perle, d'un pâle décembre, et pourtant un peu rosé. La tour Saint-Jacques, que je vois d'ici au couchant, me rend ces délicates teintes d'une faible aurore, et avec ces douces teintes, elle m'envoie mille idées.

J'ai vu, amie, j'ai vu parfois sur votre teint, bien plus délicat encore, naître et mourir comme une ombre, un souffle de pâle rose... au passage d'un sentiment, d'une légère émotion.

J'ai vu (c'est toujours ma tour rosée par l'aurore qui m'envoie toutes ces pensées), j'ai vu, dans un temps bien court, notre levant, notre avenir, les ravissantes lueurs de mon espérance se dessiner dans ce qui semblait un couchant orageux et sombre. Pour moi, j'avais cru voir venir les tristes ombres du soir.... Et voilà que ce n'est pas le soir, grâce à vous, c'est le matin. Vous êtes venue pâle et charmante, vous avez ravivé mon cœur de la rosée de vos jeunes larmes. Et maintenant je vis dans l'aurore!

Oh! que vous rendrai-je pour cela? moi si pauvre en moi, et qui ne suis riche qu'en vous! Je vous rendrai ce que vous avez fait vous-même (on n'offre à Dieu que ce qu'il a créé); je vous rendrai un cœur refait, renouvelé par vous. Je vous rendrai une vie, que vous avez transformée pour toujours, qui pour toujours vous appartient.

Je serre votre petite main contre mon cœur.

Votre J. M.

Comment avez-vous passé la nuit?]
A quelle heure me permettrez-vous le bonheur de vous revoir?

LETTRE X[1]

11 décembre 1848.

Monsieur et ami,

Nous croyons faire notre destinée et c'est elle qui nous conduit. Nous voilà, malgré nous, aux deux bouts de Paris, aussi loin l'un de l'autre que si j'étais encore en Allemagne.

J'ai quitté ma petite chambre à la fois sombre et lumineuse, le bon voisinage de la montagne Sainte-Geneviève, pour l'inconnu.

J'étais libre, ce semble, et l'usage que j'ai fait de ma liberté a été de me l'enlever tout à fait. Dans ce quasi-couvent, où je viens m'ensevelir, je ne pourrai ni vous recevoir chez moi, ni entendre librement votre parole bienfaisante; c'est la vie même qui va me manquer. Et pourtant, ne regrettons pas trop ce cher

---

1. Cette lettre se croisa avec celle de M. Michelet qu'on vient de lire.

foyer, qui nous jetait, il y a une heure à peine, ses dernières lueurs. Il gardait pour nous un danger, celui de trop nous concentrer sur nous-mêmes. Je ne veux point voir votre grand cœur s'absorber dans une seule destinée.

J'ai préféré être seule pour dire adieu à cette chère retraite où nous avions déjà pris racine.

La première fois que vous y êtes entré, elle vous a saisi par sa tristesse; les larmes vous en sont venues. « La cour étroite, le vert sombre de son lierre, ajoutaient disiez-vous, à ma *fantastique pâleur*, des reflets si étranges, que par instants, il vous semblait voir « une morte qui parlait et se mouvait ».

Et moi, je me sentais revivre, je trouvais que cette chambre, obscure pour vous, pour moi était pleine de lumière. Si courte que fût votre visite, elle y laissait toujours un rayon. Ici, quel changement! quel froid! quelle solitude! mais ces « ombres » étaient trop aimées....

Il vaudra mieux vivre sur ces hauteurs qui nous ouvrent des horizons infinis. Nous serons plus forts contre nous-mêmes.

Ici, je n'ai pas à vous cacher ma souffrance. Après l'heure de la raison, peut revenir celle de la nature. Lorsque deux lieues nous séparent, je puis bien vous dire que mon cœur proteste contre notre sagesse.

Demain, je serai plus raisonnable; je sais, je sens les incertitudes de l'avenir, les obstacles.... Quel déchirement, — si la destinée nous séparait, — d'avoir pris la douce habitude de nous voir tous les jours!

Vous avez, pour vous faire à mon absence, le travail, la famille, M. votre gendre que vous semblez tant aimer! Moi, j'aurai le sentiment du devoir accompli!...

Votre enfant,

A. MIALARET.

LETTRE XI

12 décembre 1848, une heure.

Toute parole de vous, chère! fond le bronze et brise l'acier.

Et si douce pourtant! C'est que c'est la rosée du ciel.

Votre lettre m'a *noyé* de larmes, et comment ne sentez-vous pas mon impatience pour harmoniser notre sort?

Mes obstacles ne sont rien; il ne pourrait y avoir que les vôtres. Et puisque votre volonté s'est attendrie sur moi, qui donc se mettrait entre nous?

Vivez, chère, fortifiez-vous un peu. Espérez. Ah! croyez en moi! Et qu'ai-je besoin de le dire? je suis *votre chose*, vous le voyez bien, votre propriété en ce monde, et dans tous les mondes possibles, autant que Dieu en créera.

Que parlez-vous de faiblesse?

Oh! que je vous connais bien mieux!

Née reine, vous êtes et serez reine.

Je vous connais profondément.

Chez vous, le moindre abandon est un acte *volontaire*, le plus déterminé de tous.

Je sais votre supériorité de caractère et l'accepte de

grand cœur. Quoique vous puissiez dire ou faire, vous resterez sur un autel.

J'irai, je marcherai dans la jouissance ou la souffrance, ce qui dépendra de vous seule. Je vous verrai toujours dans la lumière éthérée, pour vous demander, de moment en moment, un de vos rayons.

Votre confiance d'hier, votre attendrissante résignation, pour dissiper tous mes doutes, cette image de docilité dans une personne supérieure en tout sens, m'avait endolori autant que charmé.

Et que risquez-vous, ô reine! près de ceux qui vous regardent d'en bas, et prosternés devant vous? Quant à moi, le respect, la religion la plus pure, sera toujours de vous à moi, une infranchissable barrière, si vous ne l'abaissez vous-même.

J'ai le cœur trop épris, trop malade de vous, trop troublé, tremblant et superstitieux dans cette dévotion. Le peu que vous voudrez me dire d'aimable et de compatissant, j'aurai peine à y croire encore.

Je ne finis cette lettre que parce que, peu à peu, je suis aveuglé de mes larmes.

Je vous serre sur mon cœur, et sens toujours Dieu en tiers.

J. MICHELET.

Ah! je vous en prie, dormez mieux.

LETTRE XII

13 décembre 1848, 7 heures du matin.

Je le sens très bien, chère fille, mon sentiment pour vous entre dans une période nouvelle. La première fut de surprise, de vive joie, de force, de rajeunissement. Puis, vint la vive émotion, le puissant battement de cœur, à la fois faiblesse et force.

Mes travaux se trouvèrent étonnamment accélérés, facilités par cette agitation.

Le progrès continue pourtant, et je me trouve peu à peu dans une absorption singulière, dans cette unité de pensée qu'on nous recommande pour Dieu. Je le sentais à la peine infinie que j'avais hier, aujourd'hui, à ramener mon attention sur les événements (jusqu'ici si émouvants pour moi) qui ont, en 92, fait les destinées de la France.

Je m'harmoniserai peu à peu, vous entrerez tout entière dans ma vie et dans mon œuvre, Ah! vous en êtes une partie et la plus précieuse, puisque vous voulez bien dire que mes livres ont influé sur vous, puisqu'ils ont mis en vous le premier germe du sentiment affectueux que vous m'avez témoigné.

5 heures du soir.

Cette lettre a été commencée le matin, au moment pur et serein où je me mettais au travail, au moment où mon cabinet s'éclairait du petit jour gris de perle, qu'il fait sur notre montagne au-dessus du brouillard de la ville. Je me disais à ce moment, que vous aviez le même avantage; que sur votre hauteur, vous planiez aussi, et deviez respirer mieux.

Je rentre, et je reprends la plume, interrompu, dérangé plus d'une fois, mais aucune interruption ne m'ôte l'émotion de cette mélancolique et si douce promenade. Douce! mais il m'en reste un poids sur le cœur, le poids de tant de larmes tombées de votre voile sur ma main, de là sur mon âme.

Non pas, chère amie, que je désire que vous renfermiez vos tristesses. Si vous devez pleurer, que ce soit avec moi. Seulement, je vous en prie, dites-moi ou écrivez-moi le sujet de vos larmes. Elles me seront moins amères, j'en serai moins inquiet.

Cette inquiétude, ce trouble, cette ignorance où j'étais de vos pensées, mon effort pour vous consoler, l'élan infini que j'ai dès que je suis près de vous, pour envoler mon âme hors d'elle-même, et la mettre à sa vraie place, en la vôtre; tout cela, dis-je, m'avait épuisé, je suis tombé en arrivant comme anéanti.

Je vous embrasse de cœur avec un respect si tendre que les larmes me viennent aux yeux.

Je prie Dieu que vous dormiez.

J. M.

LETTRE XIII

Paris, 13 décembre, 9 heures du soir.

Ami,

Votre lettre m'arrive, si douce à sa première page, si douloureuse pour moi à la fin! Que vous dire et que faire?.... Vous me demandez d'abord de vous aider à vous *harmoniser*; puis, vous me montrez votre âme *anéantie, épuisée*.... Vous me jetez ainsi dans un trouble extrême. Oui certes, je vous aiderai à vous harmoniser, si ce n'est pas une harmonie déjà d'aimer quelqu'un qui s'est fait vôtre si entièrement. Oui, je ferai tout pour vous donner le bonheur; il faudra seulement que vous y aidiez aussi, je veux dire que vous épanchiez en moi vos pensées, vos préoccupations, vos *tristesses*. Celles-ci sont grandes, je le sens bien, ne cherchez pas ailleurs ce qui cause les miennes.

Écoutez-moi : lorsque remettant tout mon cœur dans vos mains, je vous ai dit, *c'est le cœur d'un enfant,* rien n'était plus vrai; mais ce n'était pas tout. Car, si je ne veux être avec vous qu'un enfant, pour en avoir la docilité, je veux aussi, à d'autres moments, être avec vous une amie, pour vous comprendre et mieux m'associer à votre vie.

Ne cherchez rien au delà. J'ai souffert de l'injustice, de l'isolement, deux choses douloureuses pour une jeune âme, mais je n'ai rien laissé d'elle en arrière ; *je n'ai point de passé.*

Vous avez, au contraire, dans une vie plus avancée, celui de vos deuils, de vos regrets. Et, dans le présent, les plus légitimes affections. Eh bien, je souffre de vos réserves; vous m'apportez, parfois, un trouble qui n'est pas celui de « notre orage ». Qui sait, quelque empêchement peut-être? Ou encore, l'inquiétude d'un changement si complet de votre existence, de vos habitudes?

Avec les natures supérieures qui s'imposent par les droits de l'esprit, il arrive presque toujours que de loin on ne pense pas à leur vie domestique. Quand j'ai lu, à Vienne, votre lettre si importante pour ma destinée au point de vue religieux, l'idée ne m'est point venue de me demander ce que pouvait être la vôtre. Vous planiez, c'était tout. Si j'ai su quelque chose de vos circonstances de famille, c'est par vous uniquement. A l'une de vos visites dans cette petite chambre qui nous reste si chère, vous me disiez, qu'aimé des vôtres, vous n'en étiez pas moins seul. Et dans notre promenade du 1ᵉʳ décembre, sur la terrasse du bord de l'eau, vous me racontiez que votre fils était à Strasbourg, votre fille mariée et déjà mère, votre gendre emporté par un grand courant d'idées; qu'ainsi votre foyer était des plus solitaires.... Vous savez la suite. Et voilà qu'aujourd'hui, une parole triste et comme de regret vous a échappé. Vous l'avez aussitôt ressaisie, mais le coup avait porté déjà. Malgré mon courage habituel, les larmes me sont venues. Vous en avez maintenant le secret. Vos nuages sont parfois si sombres! D'où viennent-ils?... Je n'ai pas le droit de me plaindre ni d'interroger, et pourtant!...

La fin de votre lettre me brise, parce qu'elle me dit

mon impuissance. C'est bien ce que je craignais. Croyez du moins, chère grande âme, qu'en un sens, je suis digne de vous, je veux dire que je n'ai point les petitesses de l'amour-propre. Je sens d'avance, qu'en tout et sur tout, je déciderai comme vous. C'est ainsi qu'il faut savoir aimer un grand génie.

Votre bonheur est ici en cause. Si un combat se livre au dedans de vous, en pensant à l'avenir, si cette belle lumière de nos commencements s'obscurcit déjà, n'hésitez pas à ne rien changer à votre existence. Moi, je vous appartiendrai quand même, et comme vous le voudrez, dans *la liberté ou la fatalité*. Cela, je vous l'ai déjà dit. Ce que vous ferez de moi importera peu. Telle je resterai, si vous devez y trouver le salut de votre âme[1].

A. MIALARET.

LETTRE XIV

14 décembre 1848, 7 heures du matin.

Je suis triste et gai, chère amie. Le joli matin que je vois, me promet une belle petite promenade, et de vous dire bien doucement la cent-millième partie de ce que j'ai dans le cœur, ce cœur si plein de vous.

Et avec cela, je suis triste, vos larmes d'hier me sont restées *là*... et, avec elles, l'ignorance du vrai motif qui les faisait verser.

J'ai dormi en tout deux ou trois heures, puis lu,

---

1. Ma lettre se croisa avec celle de M. Michelet, qui la précède; elle lui arriva pendant qu'il écrivait celle-ci. Mme J. M.

rêvé toute la nuit. Je suis très faible ce matin. Et cependant, il faut, à ce moment, que je prenne la plume, que je m'arrache à mon unique pensée; le travail me serait impossible, si je ne me rappelais que je travaille aussi pour vous.

10 heures du matin.

Votre lettre, amie, c'est la foudre. J'en suis bouleversé en ce que j'ai de plus profond.

Il y a un mot si fort, si tendre qu'aucun mot n'y répondrait. Mais je vais vous voir tout à l'heure, me rassasier du bonheur d'être quelques heures près de vous, vous dire (si je pouvais le dire, comme je l'ai au cœur) que vous êtes mon trouble, mon bonheur, mon destin.

Oh! la touchante lettre, et pleine de bonheur pour moi!...

5 heures et demie du soir.

Je rentre brisé de tant d'émotions diverses de mon élan matinal, nuageux comme l'espérance, au paradis de votre lettre dont je suis tout éperdu.

Je cours chez vous et je me heurte contre un obstacle de mon intérieur (la lettre que vous avez reçue de mon gendre).

Tout s'aplanira, amie; les obstacles n'auraient pas surgi si l'on eût mieux su ma situation réelle, la force et la gravité de mon sentiment. Je sais que tout, autour de moi, désire vivement mon bonheur, et sera reconnaissant — toute chose étant arrêtée — pour celle qui me rendrait heureux.

Je relis votre lettre d'hier soir, si tendre et si ravissante, je la compare à notre promenade, aimable et douce sans doute, où vous avez dit plus d'un mot charmant. J'ai peur cependant d'avoir, sous l'impression de la fatale lettre [1], un peu déchu dans votre cœur.

Le mien, chère, est bien à vous pour toujours; qui peut me séparer de vous? Je baise le bord de votre robe et votre gracieuse petite main.

J. MICHELET.

LETTRE XV

15 déc., 5 heures et demie du soir.

Vous avez un cœur charmant plein de grâce et de courage. Votre hardiesse de demain matin me ravit. Et cette hardiesse est sagesse et bon cœur.

Jamais le mien n'a été plus à vous, je l'ai senti ce

---

[1]. Oui fatale, en ce sens qu'elle devait par son caractère impératif : « Qu'en ferez-vous? » me troubler profondément.

Fatale aussi, parce qu'elle nous fit sentir qu'un œil inquiet, désormais serait sur nous pour nous regarder vivre, alors que nous avions si grand besoin de n'avoir que Dieu en tiers entre nous.

Fatale, enfin, en ce que sa vie, à *lui*, en fut changée (voir ma lettre du 18). Pour moi, elle était intempestive, en ce qu'elle m'arrivait précisément le lendemain de notre séparation. Avoir mis tout Paris entre nous, et ne plus nous voir que des instants, après les archives, non dans l'intimité du foyer, mais dehors, sur les promenades, dans l'austérité du grand hiver, il y avait là de quoi rassurer. Prendre ce premier moment du retour à la solitude, qui m'était une cruelle épreuve, pour m'avertir, m'alarmer, pourquoi? La vie de M. Michelet était restée la même, il travaillait, le matin, se levait une heure plus tôt, pour être libre de quitter son bureau avant la nuit, sans que le service en souffrît. Tout était donc d'une régularité parfaite.

soir; vos beaux yeux limpides et purs m'ont suivi dans la voiture où j'étais renfermé. Je les voyais, les admirais toujours. Jamais, avant de vous connaître, je n'avais bien senti ce qu'il y a d'attendrissant dans ce mot qui se dit parfois à une femme aimée : *Mes* beaux yeux!

Votre solitude du soir dans une chambre froide me fait mal à penser. Ne pouvez-vous du moins prendre quelque bonne petite personne, Mlle Bachellery ou une autre, qui travaillerait près de vous?

Que n'y suis-je moi-même! ce serait bien mieux encore; je vous veillerais, avec un respect que je ne puis dire, et vous ne vous apercevriez de ma présence qu'au soin que je prendrais de vous faire boire vos noirs breuvages. Jamais vous n'auriez été servie comme par moi.

Je vous baise la main de tout mon cœur.

J. MICHELET.

Je suis interrompu.

16 décembre 1848, 7 heures du matin.

Je rouvre ma lettre. Voyez aussi ma fille. Vous vous avancerez plus ou moins vers elle, selon que vous la verrez plus ou moins ouverte. Si elle est bien, je crois qu'il faut rompre un peu la glace. Elle sera reconnaissante de ce que vous vous confiiez plus que nous.

Ceci se passait dans un moment difficile pour moi. Notre garde général des Archives, M. Letronne, venait de mourir, et le ministre Dufaure m'avait donné la *signature*, ce qui m'obligeait à résider, momentanément, à l'hôtel Soubise. Je n'avais donc que des minutes à lui donner. Ce qui m'aidait à supporter cette privation, c'est que j'avais le secret de sa lettre du 13, et de ses tristesses et de ses larmes. En l'écrivant, elle avait eu certainement sous les yeux celle de mon gendre. Sa surprise avait dû être d'autant plus grande, que jusque-là j'avais préféré me taire. A quoi bon l'attrister, l'ébranler, peut-être, dans ses résolutions? Pendant que sa santé se raffermirait, les nuages se dissipant d'eux-mêmes, sa confiance resterait entière. Le trouble où je la vis après avoir reçu cette lettre me prouve que j'avais eu raison.

Les notes de son Journal indiquent qu'elle fut bien près de faire virer de bord ses décisions. Elle dit : « Les appels à *l'abnégation*, au *sacrifice*, qui me sont adressés, je les trouve d'autant plus justes, que je me les suis faits de moi-même, dans ma lettre du 2 décembre. Que suis-je, en effet, pour assumer la responsabilité d'une pareille tâche? Puisque la chose est possible encore, il faut renoncer. Un devoir s'impose seulement, c'est d'user de ménagements infinis et de trouver un prétexte spécieux pour m'éloigner; par exemple, une grave maladie de ma mère qui exige une absence momentanée...

« ... Mon angoisse est mortelle. Le noir brouillard, au fond duquel plonge mon regard anxieux, me semble être le tombeau où le présent, l'avenir et ma destinée même tout entière, va subitement s'ensevelir.

« Le courage de me briser le cœur, je l'aurai, s'il le faut, mais briser en même temps le sien !... Toute l'après-midi, j'ai voyagé de ma malle à ma table, me disant que je devrais être partie quand il recevrait ma lettre. C'est une contradiction avec ce que je dis, qu'il faut le ménager, mais ma tête s'égare....

« ... Heureusement, avant de la fermer et de consommer mon sacrifice, j'ai voulu relire celle qui me l'a pour ainsi dire dictée, et, cette fois, il m'a semblé qu'elle n'avait plus la même importance.... En réalité, ce n'est ni le fils ni la fille, c'est-à-dire le propre sang de celui qui est ici en cause, qui m'adjure; c'est un allié, très aimé, il est vrai, mais qui connaît peu le passé de M. Michelet, et les besoins de son cœur, n'étant entré dans sa maison que depuis cinq ans à peine. Je ne dois donc prendre une résolution définitive qu'après m'être éclairée à mon tour. »

Elle me demanda, en effet, dans le court moment que je pus lui donner, l'autorisation de l'aller voir. Elle y mit la grâce habituelle de son bon cœur, me disant : « Vous êtes beaucoup aimé, car cette lettre témoigne d'une vive sollicitude. On sent aussi un cœur blessé. Il me parle de sacrifice à faire. En causant avec lui, je comprendrai mieux sa pensée.

Restée seule, par une vive intuition comme en ont souvent les malades, elle crut deviner le mot de la situation : « C'était une âme endolorie de se sentir lésée dans la priorité de ses droits. »

En ce cas, elle pouvait le rassurer pleinement. Et tout de suite, elle lui écrivit cette lettre touchante :

LETTRE XVI

Monsieur,

Je suis la cause involontaire de ce divorce intérieur. Soyez magnanime, aimez-moi ! Je le mérite, car je souffre, je vois tout à travers le cœur transparent de votre père qui souffre et qui pleure.

Que me reprochez-vous ? De vous le prendre ?... Mais qui sait mieux que moi, à ses attendrissements, que vous avez, que vous aurez toujours une grande part du meilleur de lui !

Et cela, je l'accepte dans le présent et l'avenir.

A. MIALARET.

Si elle n'envoya pas cette lettre, c'est que je préférai une visite, la croyant plus efficace.

Je lis encore dans son Journal : Le 16, au matin,

pendant l'enterrement de M. Letronne,—M. Michelet tenant les cordons du poêle avec MM. Burnouf, Binet, Naudet, je me rendis rue des Postes et me plaçai immédiatement avec M. D... sur le terrain où m'appelait sa lettre, le priant seulement de me préciser tout à fait ses questions. Ainsi limité, l'entretien deviendrait plus facile et plus fructueux.

Il n'y avait rien à me dire sur les travaux de M. Michelet; j'en connaissais la nature, mais sur son genre de vie, et ce qu'il exigeait de son entourage. Ayant été la fille d'un homme d'étude et m'étant serrée à lui enfant, — je me vois encore immobile sur ma petite chaise, le contemplant à sa table de travail, — le respect du labeur d'un grand esprit était, en moi, chose depuis longtemps acquise. Quant à « ce que j'en ferais? » c'était plutôt ce qu'il ferait de moi que j'avais besoin d'apprendre, pour me préparer à suivre sa voie, sans m'en détourner jamais.

A mon grand étonnement, la lettre semblait oubliée. Nous restâmes sur le terrain vague des généralités impersonnelles, ce qui, forcément, abrégea ma visite.

En sortant, j'allai à l'autre bout de la cour voir la fille de M. Michelet[1]. Ayant aimé passion-

---

1. M. D. m'avait reçue dans l'appartement de son beau-père.

nément mon père, je comprenais sa tristesse de voir s'éloigner le sien. En bien des sens, elle était *lui*, ce qui me disposait à entrer dans ses pensées et ses sentiments.

Je la trouvai plutôt calme, avec une froide réserve. Mais, en m'écoutant parler, bientôt elle redevint elle-même, bonne et compatissante. Il s'agissait si peu d'une idylle!... elle le comprit bien vite, et, qu'en bien ou en mal, il y avait dans la situation quelque chose de la fatalité du destin.

Lorsque j'arrivai à lui dire mes perplexités et que j'étais prête à m'effacer, à quitter même Paris, si elle pouvait seulement m'affirmer que ce sentiment, quoique très vif chez son père, serait passager, oubliant ses intérêts personnels, avec un élan qui la rendait charmante, elle s'écria : « Non, non, n'en faites rien, ne partez pas! Où que vous soyez, mon père courrait vous rejoindre. Dès qu'il vous veut, vous serez à lui. »

Ces paroles, qui tombaient comme un arrêt, loin de flatter mon amour-propre, m'oppressèrent au point que je me sentis défaillir. Elle s'en aperçut, en fut touchée, m'attira doucement et m'embrassa.

Hélas! ce bon mouvement fut comme l'éclair, sans durée.

Une fois encore, je retombai dans toutes mes

hésitations.... En même temps, j'étais sans amertume contre elle.

Tant qu'elle a vécu, je ne me suis jamais démentie, j'ai toujours été patiente, j'ai tout supporté, parce qu'en elle, je retrouvais une portion de celui que j'aimais.

Je tiens d'ailleurs de sa bouche cet aveu loyal, qu'en me faisant souffrir, parfois elle souffrait elle-même, sentant bien que ce n'était pas mérité. A la fin de sa vie, — elle est morte en 1855, — elle m'a remerciée du bonheur que je donnais à son père. Son adieu a été : « Je m'en vais tranquille ».

LETTRE XVII

Dimanche, 17 décembre, 10 heures du matin.

Amie, le bonheur que j'ai de vivre si près de vous, pur esprit, me laisse plein de trouble et d'agitation.

Cette sage et douce promenade ne semblait pas devoir produire un tel résultat. La lourde tiédeur du temps m'avait retiré apparemment la meilleure partie de mes facultés.

Mille harmonies touchantes me reviennent, entre ces vues sacrées, grandioses, et la situation de mon cœur.

Paris! que vous ne connaissiez pas encore, Paris, dont vous concentrez pourtant le génie le plus exquis,

Paris, notre foyer commun qui vous reçoit revenue de l'exil, vous reçoit pour nous unir!

Ah! il aurait dû m'inspirer autre chose! je m'en veux de la stérilité dont je me suis senti frappé dans un pareil jour!

Qui m'affaiblissait? C'est vous! Il arrive fréquemment, quand on est trop concentré en une chose, qu'on perd de vue les riches et féconds rapports de cette chose avec toute la nature environnante. Voilà ce qui m'est arrivé. Une certaine fièvre intérieure, moitié du temps, moitié par l'effet naturel du trop charmant voisinage, au contact de votre bras, de votre châle, de votre main, cette fièvre me travaillait, me minait. De sorte que l'agitation trop continue m'a donné l'apparence du calme. Et j'ai manqué cette douce et solennelle occasion, cet irréparable jour.

Je retrouverai sans doute des jours très doux près de vous, mais jamais ce même jour, où le ciel semblait abaissé exprès pour nous ménager un recueillement plus parfait de nos sentiments, une intimité plus complète.

Cette courbe sublime où la Seine, partie du Mont-Valérien, de Saint-Cloud et de Sèvres, tourne des Invalides aux Tuileries et jusque sous le Panthéon; cette courbe unique où se trouvent compris la plus brûlante activité, le plus vivant génie du monde, se voit tout entière de la lanterne de Diogène. Tout Paris est sous le regard. En bas, le Paris des affaires qui fume comme un volcan. En haut, sur les deux montagnes qui se regardent, deux effets tout différents : d'un côté le Panthéon, perdu dans la brume noire, de l'autre, Montmartre dans la lumière.

Rien de plus beau, de plus parlant.

Ville unique, qui s'exprime d'un seul mot : « La cité de l'esprit ».

Et pendant que vous étiez là, je ne savais pas bien lire dans ce caractère grandiose, écrit de la toute puissante main de la France. J'allais près de vous, derrière vous, tête basse, attaché à regarder tel ou tel de vos mouvements, tel léger sourire échappé à votre bouche sérieuse, et dans une telle dépendance de votre action individuelle, que les plus nobles rapports de votre personne avec ce sublime ensemble m'échappaient à chaque instant.

Et maintenant vous n'êtes plus là. Je vous cherche, et c'est en vain.

Tout accablé que je suis de fatigue et de mal de tête, je ne peux me décider à gagner le lit. Je ne puis ni veiller, ni dormir.

Chère et douce demoiselle, c'est vous qui me faites ainsi. Votre amitié innocente, la moindre tendresse filiale que vous accordez, trouble, brûle, consume le cœur. J'aurai demain une prière à vous faire à mains jointes, qui ne peut rien coûter à votre sagesse et *dont pourtant dépend ma vie.*

Je vous en prie, *accordez-moi d'avance.*

Je vous écris au milieu de dix personnes qui me *regardent.*

Je baise vos pieds.

J. M.

LETTRE XVIII

18 décembre 1848, 9 heures du matin.

Non, ami, ce n'était pas la « lourde tiédeur de l'air » (en décembre !) ni la concentration de votre sentiment sur « un objet unique » qui, dans notre promenade d'hier, vous *affaiblissait*. La raison de votre lassitude tenait à une tout autre cause. Elle tient à votre harmonie intérieure *rompue*.

Hélas ! où sont les heures sereines où nous vivions hors du temps, des choses et des hommes, uniquement dans la paix de Dieu ! Ah ! qu'elles ont peu duré !

14 novembre, 14 décembre. Un mois à peine[1] !

Maintenant, vous voilà jeté dans la lutte. Elle absorbe même vos matinées, dont vous étiez si jaloux, que jusque-là vous réserviez rigoureusement à vos travaux historiques. Vous préférez ne m'en rien dire jusqu'à ce que « le procès soit jugé ». Mais vraiment, mérite-t-il que vous y mettiez tant de vous-même ? que vous vous « appauvrissiez » dans ce débat stérile ?... Pour votre fille, prenez-la dans vos bras, serrez-la bien contre votre cœur; qu'à cette étreinte, elle sente qu'elle est toujours adorée. Mais, pour les discussions, répondez à votre temps, par quelques mots. Si vous ne coupez court, vos démêlés s'éterniseront sans nul profit.

L'essentiel n'est-il pas votre livre qu'il vous faut

---

1. Il dit lui-même dans son Journal : Oh ! les beaux, les doux, les irréparables jours !

achever avant que votre cours ne commence? Et puis, ne m'avez-vous pas dit, maintes fois, que la paix est seule féconde?

   Votre

     A. MIALARET.

A la réflexion, je n'envoyai pas cette lettre trop ferme. Il était déjà assez troublé. On pourrait en juger par celle qu'il écrivit précisément aux siens, le matin de ce jour, 17, où il se plaint de sa « langueur ». Elle prouverait que j'avais cent fois raison de le détourner de cette triste polémique. Cette lettre qui, à elle seule, éclaire pleinement la situation, viendra avec d'autres, si leur publication est jugée utile pour servir la mémoire de ce grand homme de bien.

LETTRE XIX

18 décembre 1848.

L'arrachement de vous quitter ne me parut jamais si grand qu'aujourd'hui. Je fis encore bonne contenance chez vous, mais une fois monté en voiture, je me sentis faible, très faible, la poitrine serrée et souffrante. J'avais (comme il m'arrive toujours près de vous), j'avais voulu *immensément*, et retombais sur moi-même.

Que d'impressions diverses, — brisé de la véhémence même de mon sentiment, brisé de vous avoir vu souffrir, rougir, pâlir, sous cette allée d'arbres verts, brisé enfin par-dessus tout du gage touchant de tendresse, d'amitié passionnée, *de reconnaissance peut-être et de bon cœur,* que vous m'avez donné pour tant de choses brûlantes, et pour celles qui me sont restées au cœur et qui le brûlent encore.

Je rentre, je saisis ma plume, j'emploie les deux minutes qui me restent, au lieu de me déshabiller. Deux minutes avant six heures. Après, je serai entouré, et si j'écris sous tant d'yeux attentifs, je deviendrai un objet de curiosité, de pitié, pour ce sentiment véritablement *insatiable,* que tout le monde surprend en moi.

Je vous serre contre mon cœur, ô fille, ô amie, ô enfant! A tous ces titres différents et pour chacun d'eux, je sens un infini d'amour, et parmi toutes ces violences, tant de religion! et de respect!

J. MICHELET.

Ah! je vous en prie, soignez votre santé!

LETTRE XX

23 décembre 1848.

Je souffre, amie, je souffre de ne vous avoir point écrit hier soir; je ne l'ai pu, étant rentré fort tard. Je me dédommage aux Archives.

Cette nuit, à trois heures, incapable de dormir, et tourmenté de vous, de tant de manières! j'écrivais à Rostan pour le doigt malade, et pour tout. Peu à peu, j'ai écrit un volume, une confidence complète, comme en font les cœurs blessés; la confidence surtout de cette pensée qui m'est si douce, que, malgré tant d'obstacles d'âge et de toutes sortes, *vous daigneriez porter mon nom*.

Oh! que je me sens dépendre de votre destinée, de votre volonté!

Je vis de vous, je suis malade en vous; il y a une seule différence heureusement et bien douce, c'est que j'espère en votre jeune vie, en vos années croissantes, en vos vingt ans, dans le désir que vous voulez bien témoigner de vivre, par compassion peut-être, pour celui qui y a tout intérêt.

Et puis, je me figure, comme je vous le disais hier (c'est une de mes plus chères pensées), que la *vitalité*, très forte qui est en *moi*, et qui déborde sans cesse par la production, *vous serait salutaire* dans un rapprochement si intime; que vous gagneriez la vie et la santé par moi, — et qu'en vous serrant bien, enfant, — comme fit le prophète sur l'enfant qu'il rendit à la vie, je vous ajouterais (de ma vie, de mon souffle) des heures, des jours et des années. Les miennes! Ah! puissé-je faire l'échange. Et puissé-je mourir, pourvu que vous viviez par moi!

Cette barrière entre des vies, si fortement unies, est chose intolérable. J'accuse la nature. Comment, moi étant bien portant, êtes-vous malade?

Comment êtes-vous pâle, quand j'ai des couleurs plus vivantes? Cela est pour moi une injustice....

Barrière injuste et dure, entre ceux qui ne feraient qu'un !

Un ? Cela est-il sûr ? Et malgré ta bonté, amie, et ce que tu m'accordes de bonnes paroles, de signes purs et touchants de tendresse, comment se fait-il que parfois, j'aïe tant de peine à me rassurer ?... Je me vois trop bien, je me juge.

Et ce don charmant de jeunesse qui, parmi tant de perfections supérieures et rares, compte pourtant en toi, pour celui qui t'admire tant ! — qui sait, si plus tard, tu ne sentiras pas qu'il me manque, et, dans l'union, la plus honorée, la plus douce, la plus tendre, qui sait si tu ne pleureras pas les orages que tu m'as sacrifiés.

Ainsi, je vais et viens, sur la grande mer, la mer de mes pensées, jusqu'à ce qu'enfin, chère, vous trouviez un dictame pour rassurer, calmer ce pauvre cœur. Et quel dictame ? Vous-même.

Alors, alors, je croirai, et je joindrai les mains, et je dirai : Je crois, je sens mon Dieu !

Les chrétiens reçoivent le leur, ils en sont calmés, fécondés, mais, pour l'homme, fait à l'image du Créateur, l'union la plus profonde n'est pas de le recevoir passivement, mais surtout, mais bien plus, de *créer en son Dieu.*

Oh ! si je crée en vous, combien vous créerez plus en moi ! Vous y verserez votre âme charmante, votre raison supérieure, à laquelle je me sens si heureux d'obéir, un monde nouveau d'imagination et de sentiments héroïques. On sent trop que deux sortes de grandeur vous mériteraient seules, l'héroïsme ou le génie.

Soyez douce et bonne pour moi, et je serai un héros, tout au moins, selon ma carrière et dans la sphère de mon action.

Rien n'est impossible à celui qui se sent un besoin si ardent, si profond d'être aimé !

Un mot de vous, un baiser de tes lèvres, allumeraient en moi une âme de feu, à consumer le monde.

J. M.

LETTRE XXI

Paris, 24 décembre 1848[1].

Ami, votre lettre d'hier est si pleine de trouble !.... Si nous ne nous recommandons à Dieu, qui nous protégera?... Que vous dire, que vous n'ayez entendu déjà? Je ne saurais suivre une autre voie pour m'affermir dans votre cœur. Vous m'avez adoptée, non pour mon mérite, c'est vous qui le ferez avec le temps, mais pour cet infini de volonté, cette avidité que j'ai de vous plaire en tout et pour tout.

Pourquoi parler de sacrifices à faire, et d'orages à calmer? La douleur dont j'ai déjà senti la morsure n'est pas l'orage. Éprouver le besoin d'être aimée, ce n'est pas l'amour encore. Ceux-là seuls qui ont donné plusieurs fois leur cœur, et veulent rassurer qui les interroge, peuvent dire : Il y a dans l'amour tant

---

1. Nos lettres se répondaient à quelques heures d'intervalle, quand nous les faisions porter. Mme J. M.

de degrés divers, tant de nuances!... Moi, je n'ai pas à me reprendre pour être à vous tout entière. Ce n'est pas la part que vous avez, c'est le tout....

Ah! n'est-ce pas d'aimer trop, que vient tout le mal? N'est-ce pas de là que vient ce flux et ce reflux de pensées douloureuses, parfois amères? J'en vois en vous l'agitation, le tourment, et vous ne m'en dites pas la cause réelle.

« Votre silencieuse Malati » a parlé davantage. Vous savez d'elle les deux choses qui importent : sa vie, son âme vous appartiennent. Elle ne veut exister que par vous. Prenez-la donc telle qu'elle se donne, et faites-la telle que vous la voulez : « Juste aussi haut que mon cœur », m'avez-vous dit. Cela sera quand, ma main dans la vôtre, nous irons du même pas dans la vie.

Votre enfant,

A. MIALARET.

LETTRE XXII

Jour de Noël, 25 décembre 1848.

J'arrive à six heures un quart, j'ai à peine un moment pour vous écrire, chère, mais comment passer cette nuit sans vous dire bonsoir, un tendre bonsoir d'ami, un bonsoir du cœur, plein de rêve pour moi, et s'il se pouvait de doux sommeil pour vous.

Ah! que je vous ai quittée à contre temps pour moi, dans un moment où la fascination de ces heures de musique et de ce magique jardin me rendait persuasif, où j'ai eu un signe si touchant de votre bonne amitié!

J'ai cru voir votre cœur ému, ô chère! et votre bouche éloquente sans paroles. Parlez, amie, je vous en prie, et quelle crainte auriez-vous donc de me confier vos pensées, si elles m'étaient favorables? Ah! croyez-le, jamais je n'en prendrai avantage, je me sens pénétré de religion pour vous.

Que de choses à vous dire encore! et l'on appelle, on m'attend. Laissez-moi vous dire, au moins, qu'en ce jour de Noël, j'ai senti ma renaissance par vous, et que vous étiez un sauveur pour cette âme qui a traversé tant de siècles et de déserts.

Je baise vos pieds.

J. MICHELET.

LETTRE XXIII

26 décembre, 4 heures du matin.

Je reviens à notre promenade d'hier, au Jardin d'hiver d'abord, puis dans le grand brouillard qui nous enveloppait d'intimité. Pas une parole d'elle qui ne rajeunisse le cœur attendri et n'entr'ouvre l'aube de l'avenir. Elle ne dit pas un mot que je ne me sois dit; elle parle et je l'écoute, comme si c'était la voix de mon cœur. J'y ai d'abord résisté. Dans ce temps barbare où le monde des mauvais esprits combat cruellement contre nous, où notre effort pour sauver l'homme, le mener à la terre promise de liberté divine, est partout puni comme un crime, qui ne doit trembler, me disais-je, d'associer à ses terribles aventures un faible cœur de femme !...

Mes périls ne sont rien; ma vie, mon corps sont à Dieu, tout mon être. Je suis prêt, qu'il me prenne. Mais à l'idée d'entraîner dans ma mort celle qui d'un amour crédule aurait embrassé mes sombres destinées, j'en ai été d'abord si troublé, que je me défendais de la voir, de l'entendre.

Qui sait, me disais-je encore, si le jour où mon âme incomplète aurait trouvé son harmonie; au jour où la lumière de Dieu rencontré dans un sourire de femme m'aurait donné le moment du bonheur que j'ai osé parfois chercher encore ici-bas; qui sait, si ce jour ne serait pas précisément celui où je serais appelé à quitter cette terre pour aller continuer ailleurs tant de travaux commencés ?

En quel globe ? En quelle étoile ?... Celle peut-être qui m'adresse chaque matin un dernier regard.... Aujourd'hui, enfant, cette éventualité d'une mort prochaine, je ne la redoute plus. Grâce à toi, quoi qu'il advienne, je sens bien qu'incessamment renouvelé de ton jeune souffle, à la fois doux et puissant, je ne mourrai pas, mais je vivrai pour continuer encore, ici-bas, les œuvres de Dieu.

Ne sois donc pas silencieuse, mais parle sans crainte, et chaque jour de plus en plus, enfant de ma pensée, aimée, adorée !...

J. M.

LETTRE XXIV

27 décembre 1848.

Quelle réponse, et que de réponses j'aurais à faire, amie! Mais à ces choses, une seule serait la bonne, se précipiter dans tes bras!

Votre lettre[1] est d'une douceur passionnée qui va à l'âme, et frappe plus que les plus grands éclats, c'est un chant de rossignol, un quart d'heure avant l'orage. Je me la répète et la chante à demi-voix, cette lettre, avec attendrissement.

Quoi! c'est de moi qu'il s'agit? J'ai pu?... Il faut bien le croire. De cette bouche ravissante, il ne sort que vérité.

« Par vous, je serai reine », dites-vous; mais que sera-ce donc, alors? Je vous trouve, pour moi, d'une royauté si naturelle, que j'ai toujours envie de vous parler à genoux.

Vous m'avez dit, l'autre jour, en sortant de chez Béranger, que j'étais un *homme*.... Beau titre.... Régnez sur un homme. Ah! vous ne saurez jamais à quelle profondeur vous régnez en lui. Les malheureux rois et reines ne règnent qu'à la surface. Vous régnez jusqu'à l'abîme. Et vous auriez beau y creuser, ce serait toujours vous que vous trouveriez, vous et votre puissance.

---

1. Cette lettre, jusqu'ici, n'a pas été retrouvée. Peut-être a-t-elle été mployée dans le livre de *l'Amour*.   Mᵐᵉ J. M.

A genoux devant vous, ô reine! pour baiser votre douce main.

J. MICHELET.

LETTRE XXV

28 décembre 1848.

Le mot charmant :

Ce mot chéri[1] dont je me suis nourri plusieurs jours, dont je vous ai écrit, sans que vous disiez rien à l'encontre; ce mot dont je n'aurais abusé jamais, dont je ne pouvais même abuser, vous pouviez bien me le laisser pour pâture de mon cœur, et leurre de mon désir.

Vous me l'avez vivement *retiré*, aujourd'hui, tout à coup.

Ne vous étonnez, donc pas, ô chère, si j'en suis resté tout le temps amer et triste.

Pardonnez quelque chose à l'accablement de celui qui tombe du ciel en terre, qui, sur ce mot, se croyait dans votre confiance et dans votre abandon, et qui voit relever entre vous et lui de hautes murailles de précautions et de défense.

Vous savez, ces parcs entourés d'un fossé profond infranchissable, mais qui n'ôte pas la perspective de l'intérieur du parc. On franchit le fossé du regard, on ne le voit même pas et l'on se croit en liberté. A ce fossé, hélas! qui suffisait de reste, vous avez, chère amie, substitué un mur.

---

1. Il devait être dans la lettre du 25 ou 26, qui n'a pas été retrouvée.

. Et puis, les lettres mêmes, où vous me disiez des choses douces, retirées aujourd'hui ; vous me dites qu'elles n'ont pas de valeur, qu'elles ne signifient rien, que vous les brûleriez de bon cœur.

Comment voulez-vous donc que cela ne me soit pas sensible?

Tout ceci, chère, bien chère, n'est pas pour t'accuser, mais bien *pour m'excuser*.... Je souffre cruellement à sentir que je t'ai déplu.

Six heures sonnent, je finis à la hâte dans la vive impatience d'un petit mot indulgent, si je suis assez heureux pour le recevoir de toi. *Pardonne-moi*, encore une fois, je suis assez malade, de cet état de désir et d'orage, sans l'être de ton déplaisir. J'en serais accablé.

Je te baise la main avec amour, respect, douleur.

J. M.

Un incident de ce même jour l'avait rendu plus vulnérable. On lit dans son Journal :

M. Chabrier est nommé garde des Archives; il vient de recevoir son personnel. C'est l'ami intime du précepteur de Louis-Napoléon, M. Vieillard. Un tel patronage le dispensait de titres sérieux. Aussi, n'en a-t-il point apporté. Je l'ai bien observé, il n'est pas bonhomme, mais plutôt malicieux comme un singe. Mes épreuves vont commencer. Je lui rends la signature, et rentre dans le travail.

LETTRE XXVI

28 décembre. Portée à 10 heures du soir,

J'accours à vous, ami! et je m'accuse d'avoir été trop sévère. Je vous en demande pardon. Tout conspirait contre moi! la faiblesse où me tient mon jeûne habituel, la fatigue d'une course immense et l'aigre vent de nord-est qui contractait violemment mes pauvres nerfs déjà si malades!

Cela ne m'excuse pas tout à fait, je le sais bien. J'aurais dû ne pas répondre, lorsque le lendemain de ma dernière lettre, vous sembliez reprendre vos doutes, juste au point où vous les aviez laissés. La spontanéité de ma nature a dépassé la mesure de ma volonté. J'ai eu tort, cent fois tort, j'en conviens.

Permettez toutefois que je vous dise une chose : ce qui m'étonne de vous qui savez tout, c'est que vous paraissiez croire qu'il suffise d'avoir aimé pour s'être diminué.

Mais en soi, aimer est une chose sainte. Il n'y a donc ni à s'en défendre, ni à le cacher, si le sentiment qu'on a éprouvé ou seulement inspiré n'a terni en rien la pureté du cœur. Aimer, c'est être au dessus de soi-même, par conséquent, tout près de Dieu.

Mais cela même, « avoir aimé du bord de l'âme », comme vous le dites, je ne l'ai point connu. Ma vie a été trop déshéritée.

Ces explications, encore une fois, loyalement données, oublions, et redevenons les bons amis que nous

étions avant cet incident. Vous en souvenez-vous?...
C'est bien le meilleur.

Si pour cela il faut vivre un peu moins de notre sentiment, eh bien, tâchons de nous en distraire; allons aux musées davantage; regardons les beaux horizons de Paris que vous interprétez si admirablement; faisons ces excursions que vous me proposiez il y a un mois; allons à Montmorency, Saint-Germain, Versailles; voyageons partout, excepté en nous-mêmes....

Votre enfant,

A. MIALARET.

LETTRE XXVII

29 décembre.

Je suis encore tout ému du cher billet. Vous seule au monde, avez le secret des attendrissantes douceurs. Mon cœur fond en pensant à vous.

Vous demandez grâce, amie, vous vous reprochez votre sévérité. J'aurais bien envie de dire, en effet, que vous êtes sévère pour moi. Mon amour et ma raison, d'accord ici, me forcent de dire que vous êtes restée vraiment sur la ligne de l'amour et de la sagesse.

Mais non, je ne doute pas, amie, je crois à votre affection, je vois bien que j'y ai part. Si je reste toujours inquiet, pardonne-le, enfant, c'est que je voudrais *tout*!

Il est l'heure du travail, il faut commencer.

Je cherche à tâtons en moi mon esprit tout défaillant. Il me refuse toute force, dès qu'il s'agit pour moi de quitter votre pensée.

Ici, je me suis arraché, ô chère!

J'ai repris les feuilles qu'ont touchées tes douces mains. J'y ajoute l'histoire de *la Marseillaise*. Puissé-je mieux dire que l'autre jour, — et des paroles plus dignes de toi, moins *fiévreuses*, s'il se pouvait. Je crains, hélas! que maintenant, la fièvre ne soit tout mon génie!

Non, l'histoire n'est plus pour moi.

Midi. — Jamais, je ne pourrai, à moins de mourir à moitié, dompter ma pensée à celle des hommes qui ne sont plus.

Tu ne t'en es déjà que trop aperçue l'autre jour, Tout cela était *lyrique* ou *fiévreux*.

Que je souffre ou que je meure, ô chère, — et que votre vie, adorée de moi, ne profite point à moi, — il en sera ce qu'il plaît à Dieu. Ce que je veux, c'est *que tu vives*. C'est là ma plus chère passion.

Je suis en ce moment aux Archives, et ne puis rien faire qu'*attendre*, l'œil fixé sur la pendule, que je puisse aller à toi, m'occuper de toi, obtenir de toi que tu acceptes un moyen de conservation, de santé, enfin *que tu vives*[1].

J. M.

31 décembre, minuit. « La grande, la merveilleuse, la terrible année de 1848 est finie! Création

---

1. Ah! que je sens vraiment que ceci est vrai : *ma fille* et *ma femme*!

d'abord, puis destruction. Que de choses survenues, que de choses disparues !

« Un grand tremblement de terre a tout remué. Les vallées sont les montagnes, les arbres ont les racines en hauteur. On voit tout à découvert les grands ossements de la terre.... Mais de ces abîmes ont surgi pour le monde, des fleuves nouveaux ; des eaux thermales sont venues brûlantes, guérir es douleurs des hommes....

« Le globe gémit, souffre, enfante.... Là où les douleurs sont plus grandes, plus grande est la vitalité.

« ... Nous qui avons charge d'âmes, imitons la nature, au lendemain de ces terribles bouleversements. Voyons comme elle a soin d'adoucir ses propres blessures. Elle ne perd pas un moment pour vêtir de plantes nouvelles les rocs déchirés. Ces fils de l'abîme, échappés de ses profondes et brûlantes entrailles, trouvent en montant à la lumière, sa main consolante et maternelle, qui adoucit leurs pointes hostiles, leurs âpretés, et les pare de sa grâce féconde, les rend souvent d'autant plus riches et plus fertiles qu'ils ont plus souffert....

« Faisons comme la nature.[1] »

---

1. Tiré du Journal.

JANVIER

1849

LE COLLÈGE DE FRANCE

L'INITIATION

JANVIER

1849

LE COLLÈGE DE FRANCE

L'INITIATION

LETTRE XXVIII

1ᵉʳ janvier 1849, 6 heures du matin.

Mon cœur s'élance si violemment vers vous, amie, que je ne puis retenir ce mot, quoique je sache très bien, qu'il me faudra tout à l'heure pour vous quitter un nouvel arrachement. Chaque matin, l'effort qu'il me faut faire, pour aller à une autre pensée; chaque soir, un monde de rêves, de désirs, d'impossibilités. Sans parler de la tragédie domestique et de l'abandon croissant où je serai des miens, voilà bien des choses violentes. Je me sens, ce matin, brisé, affaissé sur moi-même; mais, dans cet état de défaillance et de mort relative, une chose vit en moi, et c'est vous!

Que te souhaiterai-je ? et quels vœux ferai-je pour toi ? Un vœu qui peut paraître intéressé : que tu m'aimes, que tu t'attaches à moi, convaincu que je suis que nul autre ne *t'aimera davantage.* Fort de ce seul mérite, je crois, malgré la différence d'âge, qu'après tout, tu trouveras ton harmonie la plus profonde dans cet amour immense.

L'amour, comme tous le connaissent, c'est une maladie, une crise ; l'amour, en moi, ce sera un mouvement, un progrès, un renouvellement, une fécondation de chaque heure.

A chaque heure, je prendrai l'étincelle à tes lèvres, à ta parole charmante — et reçue, je te la rendrai dans les émotions de l'esprit.

Je puiserai sans cesse l'infini dans tes yeux, et je te le rendrai en paroles éternelles. Oui, je dis l'Infini ; tu me donnes bien plus que je ne puis te rendre. De là, la plénitude douloureuse où je vis maintenant. Mais alors, plus heureux, ce que tu m'auras versé de trop de flammes, je l'éteindrai en toi.

Éteindre ? Non. Rapprocher l'étincelle du foyer d'où elle est partie. Tout le mystère de l'amour est dans la vie d'échange et d'étincelle alternative. J'ai écrit sur cela en me levant.

L'étincelle, un moment obscurcie aux brûlantes ténèbres de l'union, renaîtra lumineuse, d'un mot ou d'un regard. Il ne m'en faut pas tant ; un mot de toi, la vue seule de ton écriture, me ranime et m'enflamme.

Ainsi, sans cesse fécondé, rallumé, créé de ton souffle à chaque heure, j'irai créant moi-même, produisant sans fatigue. Et je rendrai peut-être au genre humain, à Dieu, ce que Dieu me donne par toi. Si le spectacle du bien que tu peux faire te rend heureuse, ô chère, tu le seras.

Je vous serre contre moi-même, ô fille de mon cœur, ô mère de ma pensée.

J. M.

LETTRE XXIX

1er janvier 1849,
avant d'avoir reçu sa lettre.

Un vœu unique, ami! au seuil de cette année qui doit tant compter pour nous....

Ce vœu, c'est que vous croyiez en moi autant qu'aux premiers jours de notre rencontre. « La foi est un si bon oreiller, elle donne tant de puissance!... » Qui a dit cela ?

Je retiens longuement votre main dans la mienne, pour que nous soyons UNS aujourd'hui et toujours, par l'esprit, par le cœur, par l'âme.... Ceci est de Dieu, et par conséquent éternel!

Je signe comme vous le voulez,

ATHÉNAÏS-MARGUERITE.

LETTRE XXX

3 janvier 1849, minuit.

J'ai le cœur si malade, si tremblant, si ému, sans que rien puisse en calmer les mouvements, que je me remets à écrire.

Ah! chère, que deviendrai-je étant à ce point dans tes mains?

Ah! qu'elles me soient bonnes et douces, ou autrement *je meurs*.

J'ai fait de grands efforts pour te faire oublier, en parlant de toutes choses, la lettre peu convenable, audacieuse que j'avais écrite. Et tant que j'étais avec toi, j'ai fait bonne contenance. Une fois éloigné, je me sentis bien mal, les dents serrées, le cœur contracté, ou sautant avec force. J'aurais été te voir demain, mais après, bien probablement je me serais alité. En ce moment même, je tremble encore de fièvre. Je ne t'accuse pas, amie, ah! tu avais droit de me faire bien d'autres reproches. Celui que tu as fait, oui, il était mérité. Le violent amour que j'ai de ton corps, tout comme de ton âme, me rend subtil, peut-être pénétrant parfois, mais enfin, je l'avoue, avide du charmant mystère de ta vie, et plus que je n'ai droit de le laisser paraître, au début si récent de cette affection.

Cependant, crois-moi si tu veux, mais ce qui donne aussi cette curiosité ardente, du corps, c'est de le voir uni à ce noble esprit, à ce cœur beau, généreux, héroïque.

Ton corps intéresse d'autant plus qu'on s'étonne que tu aies un corps, toi qui, à te lire, à t'entendre, parais un pur esprit.

Je ne l'avais jamais senti si vivement qu'hier même, après mon étrange lettre.

Tu me donnas occasion de t'admirer, de t'adorer, pour ta noble et fière décision, m'immolant tes précédents, tes habitudes, tes amitiés, ta famille peut-être, me remettant toute la pensée religieuse de tes jeunes années. Ah! je me sens pénétré de respect et de religion pour toi.

Puissè-je devenir digne d'un si grand sacrifice! Et c'est peut-être l'excès de mon culte pour toi étendu à ta personne entière, qui m'a rendu si hardi que de toucher à ces sujets difficiles. De toi, tout paraît adorable et sacré.

Je baise ta main, si tu le permets[1].

J. M.

LETTRE XXXI

3 janvier 1849, au matin.

Je me suis mis au travail avec une fureur concentrée, et j'ai avancé fort vite. Chose heureuse! M. Moreau de Jonnès, qui a 75 ans, et s'est battu au 10 août, m'a remis en selle, m'envoyant un narré de l'événement, qui prouve que pour ces grandes scènes j'ai mieux vu que tous; j'ai vu que les grands acteurs n'avaient été *rien*, et que la masse était *tout*.

Voilà mon patrimoine devant l'avenir, et puisse-t-il aussi me mériter quelque chose auprès de toi. Puisse-t-il me conserver quelque chose de ton cœur, lorsque le premier mouvement de tendresse aura passé.

---

1. Un sentiment me sort du cœur, et je l'ajoute. — En tout ce que tu dis, même contre moi, je suis si violemment partial pour toi, que je désire et veux que tu aies raison quoiqu'il arrive, et que j'en souffre ou non. En sorte que tout avantage que tu as sur moi, cet avantage est mien, tant je suis hors de moi maintenant, tant *je suis à toi* désormais, plus que je ne suis moi-même.

Puisse-t-il me protéger auprès de toi ! Car ton amitié tendre *dont je vis*, me restera-t-elle un jour? Et alors, que deviendrai-je? Puisses-tu te figurer que j'eus du génie !... Eh ! bien, amie, si j'en eus, veuillez vous en souvenir, c'est d'avoir *senti le peuple*, et d'avoir su, avant tout, que le secret de la vie, son mystère était au milieu des foules.

D'où il est résulté : 1° que me tenant libre des individus, ne suivant personne, n'étant aidé de personne, je n'ai pas été aux places, et suis *resté pauvre* ; 2° puis, que vivant du souffle universel de la France, de la grande âme populaire, échappant presque toujours aux attachements individuels, donnant bien peu à moi-même, j'ai traversé la vie, *sans ou presque sans amour*. En sorte que, cette vie à peu près *déshéritée*, si j'osais dire (comme le plus grand homme de France, Molière), par *mon austérité*, par mes jours solitaires, et sombres, je te l'apporte, ô jeune ange, et puisses-tu m'apporter la vie et non pas la mort.

La mort, ou la vie, qu'importe ! Je remercierai toujours Dieu de t'avoir connue un jour, d'avoir ressuscité mon cœur, de m'avoir rendu par toi, la douleur même, le don des larmes, que si longtemps j'avais perdu.

J. MICHELET.

LETTRE XXXII

3 janvier, au soir.

Par le seul effet du silence, ami, je vous ai rendu blessure pour blessure.

J'en ai maintenant le plus mortel regret.

Mieux eût valu parler tout de suite, même en me fâchant, ou plutôt, j'aurais dû me jeter dans vos bras et vous dire, qu'en réalité, je vous aimais peut-être davantage pour la peine que vous m'aviez faite. Au lieu de cela, sottement, je suis restée muette.

Nous voilà ce soir à deux lieues l'un de l'autre, sombres, agités, nerveux.

Non, pour vous, cela ne sera pas. Je vais aller jusqu'à votre porte. Je veux qu'avant dix heures, vous ayez ce mot qui doit nous réconcilier.

Ah! comment pourrions-nous être l'un à l'autre ennemis?...

Ne parlons plus jamais, je vous en conjure, de ce fâcheux incident; je me remets tout entière sous votre sauvegarde.

Vous serez à la fois mon père et ma mère, dans un isolement où tout me fait peur. C'est par vous que je veux être rassurée. Dieu vous donnera cette nuit un bon sommeil, le sommeil paisible des âmes justes. Je vais le prier pour cela, et, pour que demain vous repreniez le travail. Je vous en conjure, les mains jointes, donnez-moi cette joie. Si vous travaillez, nous vivrons.

Votre enfant,
A.-MARGUERITE.

LETTRE XXXIII

4 janvier 1849[1].

Je ne pouvais ni manger, ni dormir, ni vivre, ni écouter ce qu'on disait. J'espérais être plutôt malade demain, que de rester dans cet état intermédiaire plus douloureux encore.

Votre lettre, amie, est venue du ciel.

Que je m'en veux de ma lettre! J'ai cru être avec toi, depuis l'éternité, et pouvoir risquer tout ce que dictait mon cœur, ma brûlante affection, *mon inquiétude* paternelle, cette dernière passion dont tu n'as nulle idée.

Que me dis-tu de ta faute, lorsque je sens si bien la mienne? Non, tu as été ce que tu devais être, noble et fière, sans reproches pour des conseils audacieux, au moins dans la forme. Ne devais-je pas ménager davantage la délicatesse de la femme, de la jeune fille? Plus j'y songe et plus je m'en veux.

Coupable ou non, bon ou mauvais, *je suis tien, je t'aime et je pleure*. Excuse-moi, ne t'accuse pas, toi vraiment innocente en tout ceci; ton silence était le moyen le plus doux de me faire rentrer en moi, de me faire mieux mesurer mes paroles.

Comment te remercier d'être sortie par ce temps

---

[1]. Le verglas l'empêcha de venir le soir, et je ne reçus sa lettre que le 4, au matin. — J. M.

effroyable? d'avoir envoyé cette si touchante lettre. Ah! qu'il me tarde de te baiser la main et d'obtenir l'oubli de tout ceci.

J. M.

LETTRE XXXIV

Paris, 6 janvier 1849.

Puisque je dois être privée du bonheur de vous voir, je veux, ami, causer sérieusement avec vous d'une chose, du prochain avenir. J'en ai eu souvent la tentation et j'ai hésité, j'ai craint qu'au premier mot vous ne m'arrêtiez. Et pourtant, mon devoir est de m'associer d'avance aux épreuves, aux revers de fortune que vous semblez prévoir.

Ne devons-nous pas nous préparer à les accepter sans défaillance, par une grande simplicité de vie? Nous n'en serions que plus étroitement unis l'un à l'autre. J'ai déjà eu l'occasion d'observer que les bons ménages sont ceux où la femme nourrit la famille, je veux dire où tout passe par ses mains.

Ce temps heureux n'est pas encore venu, je ne puis rien pour vous. Mais dès à présent, j'entre dans la sagesse, et vous prie d'y entrer avec moi. Supprimons, dès aujourd'hui, toute dépense inutile. Point de cadeaux, je hais les bijoux. Que ferait de plus à mon bonheur le cachemire coûteux que vous mettriez dans ma corbeille? Je n'ai qu'un désir, c'est, si cela est possible, d'avoir la petite maison retirée dans un coin solitaire, avec quelques arbres, quelques fleurs. Rien que la petite *maison du Berger*. J'en ai rêvé souvent.... Vous verriez ce que j'en saurais faire, me sentant reine en mon petit royaume.

Si nous allions un de ces jours à la découverte?... Ah! ce serait charmant! Il faut bien me nourrir de ces illusions pour me consoler de votre absence. Je sais que je ne dois pas vous voir aujourd'hui, et pourtant, de minute en minute, je vous attends....

Vous aurez travaillé ce matin, n'est-ce pas? Je comprends ce qu'il doit vous en coûter de vous arracher à vos pensées pour reprendre le fil de cette sombre histoire.

Il faut pourtant achever ce volume.

J'espère que le travail vous reviendra bientôt facile, quand les faits seront accomplis. Alors, les tristesses des vôtres vous seront moins présentes. Vous serez aussi fortifié par mon grand élan à vous servir, et, je le crois aussi, par une vie désormais harmonisée.

A demain ami. Ah! si c'était tout à l'heure!

A. MIALARET.

LETTRE XXXV

Dimanche, 7 janvier 1849,
11 heures du soir.

Me voilà seul, on est parti. J'écris mon journal, mon trésor, où j'enregistre tes paroles, les paroles qui sont pour *moi* : *j'ai souffert, et je suis heureuse; j'ai vu combien vous m'étiez nécessaire*[1]. Voilà mon trésor d'aujourd'hui.

Et le journal fait, amie, je ramasse tout ce que j'ai de portraits, bons ou mauvais, pour te les donner demain. Puissent-ils te parler de moi, te dire ? Ah ! ils ne savent dire....

Tous ont l'ardeur, avec un mélange de sévère et d'efféminé; mais pas un n'a la *tendresse*! Et c'est là justement ce qui reste aujourd'hui de moi. Que suis-je, excepté mon amour?

Le bronze de 1834 est l'ardeur, et rien de plus, avec le souffle aux narines du cheval de race. La grande molle lithographie de 1843 (à l'époque de l'affaire des jésuites) indique pourtant assez que ce critique, ce batailleur, ne bataille qu'en attendant. Il parle de haine, et il rêve d'amour. Enfin, le tout petit portrait, tout bizarre qu'il est (de travers et gauche) a quelque chose d'âpre et d'acéré, de passionné, qui, peut-être, est l'homme même, plus que tout le reste.

L'homme d'alors, amie, nullement celui d'aujourd'hui. Ah! combien celui-ci s'est modifié! Il semble que la Providence, qui lui réservait d'être aimé de toi, ait de proche en proche adouci son cœur. Le *Prêtre* (écrit en 1844) est un livre souvent très tendre. Le *Peuple* (1845)[2] est tout plein d'amour. Le tome II de la *Révolution* contient la chose la plus tendre que j'aie écrite : les Fédérations de 1790.

---

1. J'avais été privé de la voir pendant 24 heures.
2. Ceci marque la date où ils furent faits. — Ils parurent en 1845 et 1846.

J.-M.

Ainsi, chère, de livre en livre, j'allais approchant du *livre vivant,* j'allais au-devant de toi.

Tel de ces livres, qui nous a liés, qui m'a donné à toi, est peut-être ce qui m'en rend digne. Belle et noble route que je repasse volontiers en esprit, quelqu'âpre qu'elle m'ait semblé parfois. J'allais, je marchais tête basse, et souvent découragé, ne voyant pas l'aimable but, croyant travailler sans fin, fatiguer toujours, ne devinant pas le prix que Dieu me gardait.

Je le remercie maintenant, je ne plains plus la fatigue. La route désormais est riante de lumière et tout adoucie de fleurs. Je m'asseois un moment ici (pour me remettre demain en marche, mais non plus seul). Laisse-moi, que je goûte ce moment, tout près de ton cœur, ce fruit béni de mon été, cette délicieuse moisson de l'amour et de la sagesse.

J. M.

LETTRE XXXVI

9 janvier 1849.

Je parviens enfin à lire ta lettre, chère amie, chère enfant, que je n'avais pu déchiffrer qu'imparfaitement au Jardin d'hiver, et je suis tout avivé de sa pénétrante chaleur, douce et parfumée.

Le commencement, si raisonnable, m'attriste pourtant. Ah! je sais ta modération, mais je n'en regrette pas moins la position resserrée et médiocre que je puis t'offrir. Oui, tu t'es associée aux destinées d'un homme pauvre, et qui sera persécuté. Le temps brutal et barbare que nous devons traverser, sera hostile aux penseurs. Tout cela serait sombre pour moi, si je ne connaissais ton cœur héroïque, qui, si je ne me trompe fort, s'attachera à moi en proportion de mes malheurs.

Chère et courageuse enfant, j'aurais voulu tout au contraire, te donner une existence large, douce, heureuse...

La nôtre sera pourtant, je l'espère, *suffisante*, peut-être aisée dans quelque temps.

Le travail et le courage n'y manqueront pas de mon côté, surtout étant près de toi. *Mais tu y feras bien davantage*, moins par le resserrement des dépenses, que par la surveillance attentive et soutenue.

Tu as les grandes qualités, et j'espère qu'encouragée par ton attachement pour ma maison, qui est et restera la tienne, tu acquéreras aussi les petites : je veux dire les habitudes économiques.

Tout le secret en est de surveiller les *menues* dépenses *journalières;* pour les fortes dépenses, la somme même avertit, on y regarde naturellement, et, d'ailleurs, elles sont rares.

Comment dans tes premières lignes établis-tu nos rapports? *C'est moi qui te suis redevable et le serai éternellement.*

N'as-tu pas, de ton charme, de ta jeune et ravissante sagesse, de tes malheurs mêmes et de tes larmes, ravivé mon cœur? Ne m'as-tu pas relevé, ne m'as-tu pas ouvert une *vita nuova*, un avenir tout nouveau de fécondité chaleureuse?

Mes travaux, désormais, sont tiens, en grande partie; disons *nos* travaux. De toi dérivera la vie et l'inspiration qui doit la créer; de toi, encore, les conseils de l'amitié et la douce critique. Où trouverais-je ailleurs un tact si fin et si sûr?

Oui, le travail sera commun, comme tout le reste, dans une vie si unie[1]. Malgré mes devoirs de famille, je m'arrangerai de manière qu'après moi, tu aies une existence assurée, dans les limites où malheureusement me retiennent mes faibles moyens.

Jamais je ne regrettai davantage la richesse, la popularité qui la donne; la gloire, enfin les biens du monde. J'aurais voulu le monde pour le mettre à tes pieds.

J'y suis moi-même et les presse contre un cœur qui est à toi.

J. M.

LETTRE XXXVII

10 janvier 1849, minuit.

Le monde a péri pour moi, et les faibles bruits qui m'en viennent encore, éveillent en moi, à peine, une faible perception.

---

1. La communauté, en effet, fut rapide. Il y a tant de manières d'aider les grands travailleurs — en dehors de la paix qu'on leur doit — à se garder les ailes libres. Déjà, je m'étais mise à la correction des épreuves, et je faisais des extraits des ouvrages empruntés aux bibliothèques, prenant pour moi ce que j'appellerai le *ménage* de la pensée, qui fatigue l'esprit, lui ôte de sa fraîcheur et de son entrain à produire.

Puis, ce fut le *Cours* dont il me développait l'idée, et me donnait les programmes à lire. Il en résultait un échange de réflexions ou d'observations, qui lui ouvrait des horizons nouveaux.

Mme J. M.

J'entends toutes les voix des vivants, comme le poète dit qu'on entend les basses et petites voix des morts. Qui donc est vivant ou de moi, ou de ceux qui m'entourent? Je ne sais. Tous me regardent et semblent étonnés de ma profonde absorption.

Ne serait-ce pas aussi, qu'en moi je suis mort, et vis dans un autre?... En qui? chère? Ô chère, dis-le moi, si tu le sais.

L'étrange, c'est que cette mort m'est douce, sauf les moments où je ne sais quelles *réalités hostiles* viennent me secouer, me tirer.

Comment ne me pas laisser dans ce merveilleux sommeil de la *Belle au bois dormant*? Ne me réveillez pas, de grâce.

Veuillez voir combien je souffre à chaque main qui me touche.

Loin de rien vouloir au delà de ce songe heureux, j'ai hâte d'y entrer davantage. Et pourquoi pas, après tout? Quelle magie a eu cette prise sur une âme indomptée naguère, et qui a traversé, fière et âpre, tant de siècles et tant d'épreuves?

Nulle magie, que celle à laquelle il faut bien se rendre, le charme de trouver la sagesse dans la bouche de l'enfant, le bonheur de s'associer aux orages de cette jeune sagesse, si douce et si passionnée. Sans doute, aussi, le besoin d'appuyer la fleur délicate injustement battue de l'orage.

Je suis venu pour appuyer, et c'est moi maintenant qui ai besoin d'appui. Ma force, si j'en ai eu, a passé ailleurs. Me voici bien faible, ô chère, la terre manque sous mes pieds. Nous avons fait un échange, j'ai voulu tellement te rendre la force et la vie, que je

n'en ai plus. La mienne ne peut plus refleurir que
sur ton cœur.

J. M.

Dans cette disposition d'esprit, j'ai éprouvé un
sombre bonheur à la promener à travers le musée
égyptien. Que de choses à lui dire sur cette religion de la mort, qui pour tous affirme si fortement la vie !... C'est donc tout naturellement
qu'en la sortant de ces ténèbres, je lui ai fait traverser une salle de la renaissance. Après la nuit,
les vives et riantes lueurs de l'aube. Par Bernard
Palissy, *le Potier de terre*, je la replace dans la
Nature vivante, agissante, celle que dans son enfance, elle a connue, adorée.

11 *Janvier*, jeudi. — Pour faire des découvertes en elle, il faut la prendre à l'improviste.
Alors, elle se révèle dans sa charmante originalité,
ou livre les trésors de son bon cœur.

Dans notre promenade d'aujourd'hui, après
mon cours, revenant sur mon médaillon de bronze
(1834) d'une chaleur sèche, je m'échappe à dire que
le Midi aussi est un peu sec : Ingres est de Montauban, Guizot de Nîmes. Elle sent le trait, et sans
chercher, me fait cette spirituelle réponse :

« Sans doute, notre Midi n'a pas les sensibilités,
les attendrissements faciles du Nord. En revanche,

il a l'étincelle électrique, soudaine et féconde en surprises. Il faut convenir que si ce sont là des effets de la *chaleur sèche*, celle-ci a bien ses avantages. »

Cela était dit sur la Terrasse du bord de l'eau, sans gronderie, sans aigreur. Je la regardais avec admiration tenir ferme, et relever souvent sa jolie tête, comme un petit cheval arabe qu'une mouche a inquiété, ou qu'un cavalier maladroit a touché indiscrètement. Comme elle toussait à fendre le cœur, j'ai fait appel à sa sagesse, et l'ai blessée d'une autre manière, ce dont elle m'a averti avec une nuance de sévérité, froide en apparence, et au fond émue. Je l'en aimais encore plus, je souffrais encore plus, l'aimant davantage, de me trouver en disgrâce près d'elle; j'appréciais plus que jamais sa fierté de femme, sa jeune dignité....

Ce soir, en la reconduisant, j'ai fait une autre découverte. Au moment où je la quittais, n'osant, sous le vestibule, revenir sur cet incident regrettable, ni par conséquent, m'en excuser, elle a compris si bien, à mon attitude que je me donnais tort et lui demandais ma grâce, qu'elle a eu un retour adorable d'amitié.

Sans paroles, j'ai compris que son cœur me revenait tout entier, je le sentais battre et palpiter dans sa chère petite main[1]....

---
1. Tiré du Journal. Ici, il tient lieu de lettre.

Ah! si nous pouvions transporter dans le monde politique et social, cette douceur infinie, ce besoin d'interprétation favorable, cette persévérance d'amour et d'esprit de paix qui se trouvent si naturellement entre deux personnes qui s'aiment!... »

LETTRE XXXVIII

12 janvier 1849.

Je pourrai enfin faire ma demande à ta mère. Voici la lettre du docteur Bischoff qui m'arrive.

Pauvre amie, si douce, si patiente dans cette cruelle épreuve! *Imago patientiæ*, dit ton vieux médecin.

Ce qui m'a surtout percé le cœur, c'est ce qui a été la cause de ton mal : d'abord ce voyage meurtrier dont les suites ne sont encore que trop visibles; puis, la dissimulation de tes souffrances jusqu'à l'heure où tu as été terrassée.

Je n'accuse personne, mais la fatalité. Point de tendre surveillance qui, à ton insu, eût tout révélé; point de mère, l'isolement au sein de ta pensée, l'exil.... Je sais tes répugnances à t'occuper de toi, alors même que ta vie en dépend.

Les femmes, les jeunes filles surtout, si poétiques en elles-mêmes, se font, en esprit, une poésie très fausse. C'est de se placer autant qu'il est possible, hors des conditions de la vie réelle, hors de la nature.

Cela est non seulement faux, mais impie, j'ose le

dire. Ah! la nature est la poésie suprême, et celle même de Dieu. Par quelle vaine délicatesse croit-on mieux trouver au delà?

Tout ce qu'il a fait est bien fait, *harmonique, et par là même, une partie de la plus grande poésie* qui est l'harmonie du monde.

La poésie, c'est un jeune cœur héroïque, insensible au danger, à la mort, ému du libre élan d'un peuple, et voulant y participer, y mêler le nom de la France.

La poésie, c'est un cœur d'amie qui se brise pour sauver son amie.

La poésie, ce sont tes lettres d'une délicatesse si pénétrante, d'une persuasion invincible, pleines de douceur, de charme et d'élan.

Ah! je t'en prie, ne mets pas la poésie ailleurs, ni dans de vaines réserves. Sors de l'artificiel, du mystère, reviens à la nature, enfant, à la douce liberté.

Prends-moi, amie, comme une mère, et je t'en prie, explique, en ce sens, telle chose, qui, d'un autre, déplairait à bon droit. Oui, il faut que tu m'acceptes comme une *mère* et plus encore.

Et à ce titre, tu me pardonneras de tendres inquiétudes. Il n'y a qu'un point où je puisse paraître gêner ta liberté.... Hélas! c'est ta vie; un soin attentif de ta vie. La lettre du Dr Bischoff au Dr Rostan, dont j'ai obtenu la communication sans te le dire, jusqu'ici, m'en fait un devoir.

Celle-ci, beaucoup plus explicite, m'a contracté le cœur. Il ne lui cache pas que les mêmes négligences pourraient ramener les mêmes accidents. Cette fois, deux personnes en mourraient.

Comment veux-tu que, si fortement averti, je me

condamne au silence ? Hélas ! c'est de toi qu'il s'agit. Je vis ou je meurs de toi.

Ah ! cette lettre de Vienne, dont je n'avais pas voulu te parler ; j'avais été pénétré, en la lisant, d'effroi, de douleur et d'amour.... Qui pourrait supposer qu'aucune vaine pensée s'élève en ceci ? La seule, qui est bien grave, c'est que je découvrais le fil si délicat, si cher, et si sacré, auquel maintenant ma vie est suspendue. Et je voyais aussi avec plus de terreur la perte, qu'à mon insu, j'aurais pu faire en toi.

Pour aujourd'hui, accorde-moi au moins de dormir davantage. La nature a fait la nuit pour le repos universel, le sommeil réparateur. Cette petite fièvre qui revient si souvent, qui te consume, est sans nul doute un reste de ta grande maladie; mais elle tient aussi à ces veilles prolongées dont tu as malheureusement pris l'habitude, quand l'étude était ton unique consolation.

Essayez de donner, pour commencer, une heure de plus au sommeil. Qui sait, vous arriverez peut-être à l'aimer. La vie nocturne vous est funeste.

Ne me refusez pas ceci, chère enfant, nourrie si loin de moi, de ma pensée, que j'ai trouvée si tard ! O cher et doux trésor !... mes yeux s'aveuglent et s'obscurcissent ici, il est temps que je ferme cette lettre. Je m'habille à la hâte, je fais deux courses et je vole à vous.

Je baise vos pieds.

J. M.

LETTRE XXXIX

M. LE Dr BISCHOFF A M. MICHELET

Vienne, 8 janvier 1849.

Monsieur,

Je m'empresse de répondre à votre lettre datée du 4 courant[1]. Avant tout, je vous félicite de tout mon cœur sur l'excellent choix qui vous caractérise en homme de tact, ayant la profonde connaissance du cœur humain.

Vous jouirez d'un bonheur rare, avec une personne ornée de tant de vertus, et d'une candeur d'âme aussi parfaite.

La différence d'âge est vraiment indifférente, en considérant les caractères, et j'ai observé dans une longue série d'années, que les mariages les plus heureux résultaient de l'harmonie des principes, des sentiments, des actions.

Quant à l'état de santé de ce rare objet de votre affection, je l'ai déjà exposé au Dr Rostan. Sa première maladie finissait à Carlsbad en 1847.

A son arrivée à Vienne, j'avais presque tous les jours le plaisir de la voir au cercle de famille, et quand je m'informais près d'elle, elle m'assurait qu'elle se portait bien.

---

1. Traduction littérale du latin.

Tout à coup, elle fut à la mort. Je la soignais avec d'autant plus de cœur, qu'elle était loin de tous les siens et si douce ! *Imago patientiæ.*

Le germe de son mal venait d'un voyage rapide, fait dans un cruel hiver et dans de mauvaises circonstances. Après en avoir désespéré plusieurs jours, elle donnait à la Faculté un beau démenti, et personne plus que moi, ne fut heureux de la voir revivre. Elle acheva de guérir à Carlsbad où je l'envoyai avec la princesse. Mais dans le mois de juin ou juillet 1848, elle retombait, prise d'une fièvre inflammatoire accompagnée de délire.

Alors, en l'auscultant, il me vint des craintes pour sa poitrine; il me parut qu'elle ne pourrait durer dans un climat comme le nôtre, extrême. Je crois que nos évènements ont été aussi pour beaucoup dans son état. C'était une nature sur qui tout faisait un effet profond. Elle avait des pâleurs qui *saisissaient*, quand on la rencontrait sans s'y attendre. Malgré tout cela, elle était vivace, *une flamme !* Elle éblouissait le soir, aux lumières, quand elle venait à s'animer.

N'hésitez pas à la prendre, vous verrez finir ses souffrances. D'après les expériences que j'ai faites dans de semblables cas, la douceur d'un bon mariage guérit tout [1].

Finissant avec les vœux ardents que le cas ici trouve bon, je témoigne à elle toute ma *vénération* et j'ai

---

[1]. Ainsi, il me donnait raison d'avoir pensé que moi seul pouvais lui convenir. Un homme plus jeune, plus froid de cœur, plus impatient qu'épris, du premier jour l'eût immolée. Beaucoup de femmes se ressentent longtemps, si ce n'est toute la vie, d'une trop brusque initiation.

J. M.

l'honneur d'être pour vous, Monsieur, avec l'estime haute due à votre caractère,

Votre

BISCHOFF.
médecin de l'Empereur.

LETTRE XL

M. MICHELET A Mme MIALARET

13 janvier 1849.

Madame,

Je n'ai pas l'honneur d'être connu de vous ; je viens pourtant vous demander ce qui suppose la plus grande confiance : la main de mademoiselle votre fille, et le nom de votre fils.

J'aurais pu prendre pour intermédiaire auprès de vous, plusieurs personnes honorables de votre ville. Je n'ai voulu avoir d'autre protection que vous-même, l'opinion que vous vous formerez d'après le détail des faits, du caractère solide et sérieux de mon attachement, surtout quand vous apprendrez que dans la circonstance la plus critique peut-être de la vie de mademoiselle votre fille, lorsque vous manquiez près d'elle, j'ai pris votre place et fait justement ce que vous auriez fait vous-même, si l'éloignement ne vous en avait empêchée.

Il y a dix-huit mois, à peu près, je reçus de Vienne une lettre, que je jugeai être d'une jeune dame. Elle m'apprenait qu'elle était seule, sans appui, sans conseils, qu'elle cherchait des éclaircissements sur tels et tels points essentiels et qu'elle n'en trouvait point; que dans son isolement, regardant toujours vers la France, elle avait cru devoir s'adresser à celui qui a consacré toute sa vie à l'étude de ces questions. Je fus frappé de l'élévation de pensée qui régnait dans cette lettre, frappé du caractère singulier de délicatesse et de force avec lequel toutes les nuances étaient saisies et marquées.

J'appris ensuite, dans le progrès de cette très sérieuse correspondance, que la dame était une fort jeune demoiselle, que, malgré l'amitié de Mme C.... qui est pour elle une sœur, elle était fort triste, habituellement souffrante, toujours regrettant son pays, et se nourrissant de larmes. Attendri, comme vous pouvez croire, je le témoignai peu, madame; je craignais, par l'expression d'une sympathie trop vive, d'amollir ce jeune cœur et de diminuer ses forces. Je restai dans la mesure d'une paternité ferme et loyale, je lui donnai les plus mâles conseils. Cette correspondance vous sera montrée, et si vous y admirerez le charmant esprit de votre fille et sa grâce irrésistible; vous estimerez, je crois, l'homme honnête et le ferme cœur, qui, sentant très bien tout cela, ne s'en fit pas moins scrupule de saisir une influence morale que tout autre eût vivement recherchée.

Février vint et la Révolution de Vienne. Je la prévins cette fois, je la priai de m'informer de sa situation dans ces extrêmes dangers, de me rassurer sur elle; j'en reçus des lettres vraiment touchantes, où est toute l'âme de la France. Elle ne pouvait plus en être éloignée. Elle se mourrait de l'exil, de sa situation contrainte, d'asphyxie,... sans parler du rude climat de l'Autriche, intolérable pour cette fleur du Midi. Elle m'apprend, un matin qu'elle revient, et elle arrive en effet.

Je reçois, je vois enfin ma jeune correspondante, je suis surpris et ému de la voir en réalité *malade*, *très malade* de corps et d'esprit, brisée par de longues souffrances, incertaine de sa position et des intentions de sa famille. De plus, tout à fait *seule* ici, — la seule relation qu'elle y eût ne pouvait lui être utile, — un sentiment fort naturel de délicatesse l'empêchait d'y avoir recours.

Pour moi, j'hésitais encore, je dois l'avouer, malgré mon émotion, j'hésitais pour m'avancer, sentant bien qu'un pas vers elle serait le destin de ma vie, et ce qui m'arrêtait bien plus, son destin à elle, peut-être; chose bien à considérer, dans une si grande disproportion d'âge. Je l'aimais déjà trop pour risquer d'engager son avenir.

Je me bornai à deux choses : je lui cherchai une position, et je la recommandai vivement à mon médecin, l'un des plus illustres d'ici, un homme de cœur et mon ami.

Son premier mot me pénétra de douleur. Il la voyait plus malade qu'elle ne paraissait encore. Ne se rendant pas compte de son état, il écrivit au vieux médecin de Vienne qui l'avait soignée. Celui-ci nous attendrit par l'intérêt visible qu'il conservait à la chère jeune malade. Le mien, un peu rassuré, me dit toutefois qu'il n'était sûr de la ramener à la santé et à la vie qu'autant qu'elle aurait beaucoup d'air et de mouvement, une existence toute contraire à sa captivité de Vienne, dans la dangereuse atmosphère des grands poêles allemands qui laissent les pieds glacés et mettent la tête en feu. Moi seul, madame, dans son isolement, pouvais l'aider à accomplir cette prescription. Il s'agissait de sa vie, je n'hésitai plus. Je pensais qu'après la réserve et l'hésitation, qui jusque là étaient restées dans nos relations, il fallait se décider, et que la destinée parlait.

Je pris le bras de mademoiselle votre fille, et je la promenai régulièrement, tous les jours. Il fallait l'exiger d'elle, en quelque sorte ; rien n'était plus contraire à ses habitudes antérieures. Mais enfin sa vie était à ce prix.

Les longues conservations me la firent mieux connaître, elles me révélèrent une personne véritablement *accomplie*, de cœur, d'esprit, de caractère, mûre déjà, sage et prudente, sérieuse. La différence d'âge me devenait moins sensible, à mesure que je trouvais dans cette jeune et charmante personne les qualités d'un ami, d'un égal, toute la solidité que je n'ai pas toujours trouvée dans les hommes supérieurs.

Je dois l'avouer, madame, cette sagesse singulière dans la bouche d'une enfant était une séduction contre laquelle rien ne pouvait me mettre en garde......[1].

J. M.

---

1. Ici s'arrête la copie de la lettre, M. Michelet s'étant montré pressé de faire partir l'*original*. Celui-ci a été détruit dans un incendie avec d'autres papiers de famille.

M^{mé}. J. M.

LETTRE XLI

Paris, 13 janvier 1849.

Il faut toujours vous remercier, ami; cette fois encore, comment le faire pour une telle lettre, et surtout comment la mériter?

Si je vous appartiens dans ce monde et dans tous les mondes possibles, mes défauts en seront aussi, et vous vous obstinez, quoiqu'ils percent à chaque instant, à me dire parfaite. Comment le devenir?

Je sais bien que dans votre chère société, je gagnerai chaque jour, et que je deviendrai plus digne de vous. Pourtant, cette affection aveugle, qui me met à part de l'humanité, me fait peur.

Ami, ne serait-il pas plus sage de me voir telle que je suis? Je pourrais, dès lors, espérer qu'en devenant meilleure, vous m'aimeriez davantage.

Je comprends qu'avec ma mère vous ayez cru n'en pouvoir jamais dire assez. Vous aviez présente mon enfance, ma jeunesse malheureuses. C'était une manière de protester, de dire : voyez ce qu'est celle que vous avez méconnue.

Mais entre nous, ami, vous devez être plus exigeant et me demander beaucoup, même trop. C'est la bonne manière de me prouver que vous voulez de moi tout, la femme dévouée, aimante, et le compagnon de votre esprit.

Que tous sentent, dès à présent, que vous n'en serez pas diminué. Que ceux qui vous considèrent avec *inquiétude* sachent que c'est dans une pensée de travail que nous nous unissons. Vous appartenez au monde, vous lui tiendrez ce qu'il attend de vous.

Voilà le cadeau de noces que je vous demande, la victoire sur ce sentiment qui vous absorbe et vous a fait créer une idole.

Hier, vous me disiez en me ramenant, que je vous écoutais avec une *naïveté charmante*.

Vous voyez donc bien que je ne suis encore qu'une enfant. Prenez-moi comme telle, pour m'élever à vous. Il suffit que vous démêliez dans cette enfant une grande volonté. Oui, je veux beaucoup, un infini ! Je me sens le courage d'un *petit lion*, quand vous me dites : « Il faudra faire ceci, cela. »

Il est minuit, je vais essayer de dormir.

A vous,

A. MIALARET.

LETTRE XLII

13 janvier 1849.

J'ai une seconde avant le dîner. J'en profite pour t'embrasser, — âme de l'âme ! — Je baise tes beaux yeux trop souvent humides, je sèche et bois leurs belles larmes. Je donne à l'amie un doux adieu du soir.

Oublie, amie, les troubles de ce jour. *Dors*, et puisses-tu *ne pas même rêver* ! Tu n'as que faire d'agitation ; ta destinée est fixée maintenant, puisque tu veux bien partager la mienne.

Nous serons deux contre le sort.
Encore une fois, je t'embrasse.

J. M.

LETTRE XLIII

16 janvier 1849.

Enfin, tu me reviens! Combien tu me manquais! Une journée tout entière, une longue journée de séparation! Que de fois, inquiet, j'ai été sur le point de partir, d'aller frapper à la porte de ta froide maison! C'eût été en vain; le cœur troublé, j'ai essayé de me replonger dans le travail.

Non, cette vie incomplète et sauvage n'est point vie de vivants. Elle ressemble à une autre, à celle des morts, dont j'évoque le passé. Dans la foule, je vis comme au cloître. Aux temps qui vont venir, par cette contradiction, j'apparaîtrai un grand moine.

A Dieu ne plaise que je blesse ici personne, que je méconnaisse la divine amitié! Mais ses harmonies puissantes ne sont pas l'achèvement de l'homme. Avant de te connaître, mon cœur, plein d'amitié, ne contenait pas moins un désert. Non, l'harmonie ne naît pas de la solitude. Dans l'effort solitaire, l'âme avance, fait un pas et meurt, n'ayant donné qu'un chant, une mélodie stérile. C'est l'accord de deux âmes qui fait seul la plénitude de la fécondité.

J. M.

Jeudi 18. — Brisé de cette nuit d'orage où j'ai rêvé d'un voyage à deux sur le vaisseau de l'amitié, je fais appel aux puissances vivifiantes du matin qui m'ont si souvent ressuscité, appel à la jeune lumière qui relève et purifie.... « Sainte lumière, viens à mon aide! » *Heilige licht,* dit le vieux dicton allemand....

Mon cœur! et la lumière de Dieu!

Pour *elle*, je ne la nomme pas celle dont le nom est si fort sur moi, que si je la nommais seulement, toute autre pensée fuirait, la lumière s'obscurcirait, dans mes yeux, de brûlantes larmes....

Et sans même la nommer elles me viennent invinciblement. Si elles commencent une fois d'abreuver cette feuille, tout sera fini aujourd'hui.

« Pour ce jour, dit la pauvre Francesca de Rimini, nous n'en lûmes pas davantage!... » Faisons de même, mon cœur, passons outre.... Pour aujourd'hui, rien que le devoir....

Vendredi 19. — J'ai mis à fin l'œuvre infiniment pénible qu'elle a *exigé de moi,* et qui sans cesse m'isolait de sa pensée : *l'achèvement du III⁰ volume.*

Ma correspondance avec elle, jusqu'à ce jour, est marquée d'un caractère d'effort, de violence passionnée. Dans les petits moments où je quittais la chaîne de ce travail, je me relançais vers elle, vers le but naturel de toute ma pensée, avec un sauvage emportement; presque toutes les lettres étaient trempées de mes larmes. Larmes d'amour, de douleur, d'inquiétude. Je pleurais de ne pas l'avoir. Je pleurais de la voir malade, de ne pouvoir rien encore pour une vie qui est ma vie. Ah! ce moment, où nous sommes, est de ceux où la lutte stérilise et torture, sans avancer beaucoup. *J'ai lutté pour finir ce livre*, et pendant que j'égratignais lentement cinquante mauvaises pages, j'aurais écrit tout un volume éloquent à coup sûr, et neuf, comme expression d'un sentiment nouveau, d'une forme nouvelle de l'amour qui n'est écrite nulle part.

Le *Cours* va m'obliger de diriger plus précisément ma pensée, de suivre une ligne conforme aux besoins de la foule autant qu'aux miens. Nul effort en cela, c'est le beau et le grand caractère de cette passion, et qui juge une telle femme, que plus ma pensée s'élève et répond au besoin du monde, plus elle me ramène à elle. Plus je m'approche du ciel, plus je suis près de son cœur[1].

1. Tiré du Journal.

LETTRE XLIV

20 janvier 1849.

Je lis votre lettre, amie, et je suis pénétré de ce charme ravissant, de cette puissante et profonde attraction. Elle agit sur moi de part en part. La douce tendresse de vos refus briserait les désirs les plus impétueux. D'autre part, elle les augmente.... Uu parfum angélique de sagesse et d'amour est dans toute cette lettre, et j'en suis énivré.

Ah! que te donnerai-je?

Moi-même? C'est trop peu. D'ailleurs je ne me suis rien réservé que je puisse donner.

Le monde, si je l'avais?... Mais c'est trop peu encore. Le monde pour une âme! pour cette âme charmante! Il n'y a rien là qui se balance.

Ah! je sais bien un trésor digne de toi, et que je voudrais bien t'offrir.... Hélas! Il est sans doute inaccessible.

Et c'est pourtant le seul joyau de noces digne de ton cœur, le seul que je voudrais mettre à tes pieds. Ce trésor, je vais le cherchant avant ton mariage, dans l'espoir que seulement pour l'avoir cherché, tu m'aimeras.... Et que tu me diras ce jour là en me donnant ton cœur : « Merci d'avoir voulu. »

Cette chose, la seule que je voudrais te donner en ce monde, la seule vraiment digne de toi, ce serait que par moi, le *monde aimât encore*, qu'il fît un pas, du moins, hors des haines aveugles, violentes où nous le voyons engagé ; que les hostilités dans le peuple contre le peuple et les hostilités de classes disparussent !... Je ne puis l'espérer encore, mais au moins qu'elles diminuassent, qu'il y eût quelque rapprochement des âmes et que non seulement, ici, mais par toute la terre, pour employer le mot de nos aïeux, commençât la *Grande amitié*[1].

Elle seule peut consoler la terre rougie du sang humain, de notre propre sang, hélas !... adoucir la vie, diminuer, ici-bas, les puissances de la mort !... diminuer l'âpreté des intérêts !... éclairer surtout l'esprit par le cœur, car cette âpreté d'intérêts vient presque partout de ce qu'on ignore son véritable intérêt....

C'est par une conception profonde que le moyen âge a mis ensemble : *Amour et lumière*, dans le Saint-Esprit.

L'histoire de la mort, de la destruction, celle de la haine, n'est que l'histoire de l'ignorance et de

---

1. Ces pages sont sous forme de lettre, dans les préludes du Cours.

l'équivoque, celle des *barrières de ténèbres* qui subsistent entre les hommes. Briser ces barrières, rapprocher les hommes en diminuant la haine, un homme mortel peut-il quelque chose à une telle œuvre?...

Oui, il faut que la grande amitié, pour gagner le monde, *commence en un cœur d'homme*, que l'étincelle du feu sacré qui va de proche en proche réchauffer ce monde, en substituant à la haine, l'amour, couve d'abord au plus étroit foyer.... elle n'en sera que plus ardente....

Ce cœur, est-ce le mien? Et cet homme, est-ce moi? Hélas! je me sens bien peu digne. Bien plus artiste, bien plus sensible que bon. Je trouve encore en moi bien des côtés impétueux ou sensuels, âpres même, impatients, facilement irrité des obstacles, loin, très loin de l'extrême douceur et de l'immuable et profonde bienveillance que doit avoir celui qui ramènerait les hommes aux pensées fraternelles.

Par moi, je pourrai peu sans doute, ayant de plus reçu un si cruel démenti à toutes mes espérances. Ah! les *journées* de juin!...

Mais tu es venue et tu m'as placé si haut sur la montagne que, dominant aujourd'hui les misérables petites barrières que les hommes ont cru d'infranchissables limites, des Alpes éternelles, l'espoir me revient de pouvoir les aplanir.

Mais, hélas! il y a d'autres barrières qui sont entre l'âme et l'âme..., Celles-ci, qui pourra les effacer?

Je ne parle pas de ce mur d'airain qui si souvent se dresse entre ceux qui s'aiment : la mort!

Je parle des dures barrières entre les vivants, de celles qui font qu'on ne s'aime pas.

Au delà des haines de races, de peuples, de classes, des haines de famille, hélas! il y a les haines d'amants, les *haines d'amour*!

Cette dernière parole semble si cruelle à dire, que je sens ma plume se briser entre mes doigts....

Les glaces polaires, hérissées, âpres et aiguës comme des points de diamants, où chaque pas est une blessure, où l'air même meurtrit, où l'homme ne touche point le verre d'eau-de-vie en feu sans y laisser sa peau sanglante, cette nature effroyable pourtant ne suffit pas pour exprimer ce mot impie : haine d'amour.

Il faut cependant pousser courageusement ce sillon. Hier, le fond de l'amour, aujourd'hui, le fond de la haine.

Et quoi de légitime en elle? quoi de naturel? car enfin *elle est*.... Donc, à ce titre, elle a droit d'être expliquée.

Plus elle est aveugle elle-même, moins nous devons l'être sur elle, nous qui voudrions la guérir, du moins la diminuer en ce monde.... Dieu nous en fasse grâce ! Jusqu'à ce moment de ma vie, j'ai distingué sévèrement, précisé, critiqué. Maintenant, par toi, par l'émotion de mon amour personnel, j'accepte et j'excuse ces éléments de races et de nations, qu'avant toi, je prenais par les côtés aigus et âpres où ils se contrariaient.

En toi, je les sens, aujourd'hui par leurs analogies fraternelles, par les côtés de leurs caractères représentés en ce que j'aime; à chaque instant, tu me ramènes à leurs harmonies.

Il se trouve ce hasard singulier que, sans parler de la culture de ton esprit rapide, tu as, de nature et de naissance, toutes les diversités fondues. En sorte qu'en t'écoutant, j'acquiers cette force d'amour qui gagnera les autres. Elle ne sera plus contractée dans mon cœur, ce qui m'isolait de ceux sur qui je désirais le plus influer.

Elle ira se répandant sur la terre restée sanglante, comme une grande mer d'amour et de consolation.... La mer féconde d'où l'Inde assure que sont nés ou naîtront les jeunes mondes, les dieux meilleurs et les hommes plus doux....

J. M.

LETTRE XLV

21 janvier 1849[1].

Je te fais, ô ma fiancée, un merveilleux bouquet de fleurs, telles que, de la main de l'homme, n'en reçut jamais la femme.

Je te dédie l'idée de mon cours.

Chaque fleur est un espoir pour le genre humain.

« Que le monde aime encore. » Le cours de 1847-1848 ne ressemblait nullement à celui-ci. Il avait pour but de créer dans la jeunesse des écoles un esprit médiateur qui la jetât utilement entre les partis le jour de la guerre civile.

Dès novembre et décembre, j'avais prévu et annoncé celle-ci, voyant nettement venir la révolution de février. Je disais à mes auditeurs, que, l'éducation du peuple ne l'y ayant pas préparé, une violente lutte sociale viendrait bientôt renverser le nouveau gouvernement.

Ce que j'avais prophétisé s'est accompli, et nous restons, depuis, profondément divisés. Je voudrais, non seulement par la force du cœur, mais encore par la raison, ramener les hommes à la bienveillance qui est un acheminement vers la paix. Fort de mon désir d'union, demain, je brise les barrières qui séparent les *religions*, je réconcilie les dieux, et, leur mettant la main dans la main, je les mène au même autel.

Plus tard, j'abats les barrières qui sont entre les

---

1. Cette lettre est en tête de la leçon qui ouvre le cours.

cités et les classes des cités, je montre au riche et au pauvre leur communauté d'intérêts; je leur donne un fonds immense, inépuisable de richesse à partager, dans la réconciliation, l'association fraternelle.

Plus tard encore, je pénètre au monde profond, mystérieux de l'âme individuelle, — et dans une âme retrouvant les barrières et divisions qui divisaient les cités, apercevant dans un même homme des factions, des guerres civiles, des tyrannies, j'entreprends de réconcilier cet homme avec lui-même, je le prie de fonder en lui une sage et forte république....

, ... , , ... ,

Et cette prière, amie, je me l'adresse à moi-même. Puisse aussi ma pauvre âme, trop attendrie, se raffermir par la cause qui fait sa faiblesse. — Si tu savais cette cause, tu me la dirais, amie! Qui la sait, si ce n'est toi?

Alors, si j'ai pacifié les religions, les cités, et l'âme individuelle, alors, amie, j'essayerai de pacifier aussi ce qui semble la paix même : je pacifierai l'amour.

Mystère étrange!... L'amour, qu'est-ce donc sinon l'effort de deux âmes qui veulent s'élancer et se perdre l'une dans l'autre, et se mêler à jamais? La volonté, ici, est si bonne des deux côtés!...

Quoi! là même, il y a la guerre? Hélas! oui. Entre ces volontés si altérées d'union, quand même tout les favorise, s'élèvent de mystérieux obstacles, des fils invisibles tissés par les puissances jalouses; soit l'exigence infinie propre à l'infini désir, — soit la diversité d'éducation, — soit ce souffle capricieux qui tourne et change sans cesse, dont souffre celui même qui s'y livre, ce qu'on appelle : l'*humeur*. Nul plus que moi n'en souffrit à un autre âge.

A ces troubles de l'amour, ajoutons cette chose vague, et la plus inexplicable, qui se voit pourtant : la mélancolie du bonheur.

Ah! que je suis intéressé à creuser ces questions, à en arracher les voiles. Ma vie et ma mort sont là maintenant.

Je les aborde en tremblant, et d'une âme pleine de trouble, — pleine d'espérances aussi. J'espère que ton jeune cœur, serré jusqu'ici par l'injustice du monde, par la dureté du sort, armé pour la résistance, — il le fallait ainsi, — j'espère, dis-je, qu'il désarmera, reviendra à sa nature, s'amollira au souffle affectueux d'un cœur qui t'aime tant! qui t'aime à la fois de tous les amours du monde : amour d'amant, amour de père, de mère aussi. Nul de ces sentiments que je ne retrouve en moi!

J'espère que la contraction douloureuse dont tu as tant souffert se dissoudra dans une amitié si tendre, et que tu diras de plus en plus :

« Qu'ai-je besoin d'être armée? le monde n'est plus en guerre. Le monde, c'est *mon ami* dont je suis enveloppée. Son cœur est un berceau de nourrice; je sens de toutes parts, autour de moi, la douceur, la chaleur amie; tout ce que j'eus d'effort et de défense virile, j'y renonce et me détends; je me résous doucement en ma nature de femme, je veux bien, puisque j'ai une mère, je veux redevenir enfant. »

LETTRE XLVI

22 janvier 1842.

Dans l'amour, ce n'est pas immédiatement que doit se manifester l'effort vers l'unité. Si cet effort est brusque, il brise, il supprime les différences en supprimant l'objet même. Et alors, ce n'est plus l'amour.

Le respect de la liberté est une vertu, une force, et une tendresse aussi. A celle qui voudrait abdiquer il dit : « Oh! sois toi-même, et garde-toi, objet charmant, conserve-la, ta fierté, la libre originalité de ton génie! Que puis-je désirer, sinon que tu deviennes toi-même de plus en plus, que tu t'augmentes toi-même et la raison d'aimer que je trouve en toi. Voilà la marque du véritable amour. Avant tout, il respecte la différence, il encourage la liberté.

Maintenant, à toi d'examiner si tu peux, dans un si grand rapport de cœur, devenir entièrement toi-même, sans accepter quelque chose de celui qui est toi-même de volonté, et de désir ardent, immense de te complaire et de s'assimiler à toi.

La différence de nos deux natures est d'ailleurs plus extérieure et apparente que réelle, si bien, que l'unité voulue avec douceur, lenteur, patience, se fera d'elle-même, et que chaque jour je deviendrai toi plus légitimement, plus profondément.

En sorte que si ta jeune nature ailée t'envolait ailleurs, te changeait, te conduisait à t'oublier, tu te retrouverais, enfant, en celui qui déjà te conserve entière et inattaquable, hors des mondes du changement, au profond trésor de son cœur.

L'assimilation de deux volontés en une, c'est un art, le plus grand des arts, le plus inconnu.

Comment l'appeler ?

Communication d'esprit et de cœur ?

Éducation ?

Initiation ?

Peut-être ces trois qualifications à la fois.

Cet art est-il nouveau ? Les âges précédents l'ont-ils ignoré ?

Non. L'antiquité l'a connu, par ses deux extrêmes : l'éducation très libre pour les libres, très dure et très esclave pour l'esclave et toute personne dépendante.

Le moyen âge a cherché une solution entre ces deux extrêmes ; il a cherché avec passion, plus encore qu'avec amour, et il a trouvé, employé des moyens très efficaces, mais trop souvent de surprise et de ruse.

Ainsi, il a enveloppé l'objet aimé, l'âme ! il l'a surprise dans son sommeil et liée endormie, ou bien encore, l'a endormie pour la lier.

Cela n'est pas loyal.

Celui qui aime vraiment ne demande la fusion des volontés qu'à la volonté elle-même, à la liberté. Il agit sous le soleil, en pleine lumière. Ce qu'il désire, justement, c'est d'être vu à fond, et pleinement pénétré.

Tout ce qu'il craint, c'est de ne pas être vu profondément ; car l'âme à laquelle il s'adresse, qu'a-t-elle à voir en lui ?

Rien qu'elle-même, et l'abîme d'amour qu'elle a creusé. C'est cet insondable abîme qu'il voudrait qu'elle pût sonder, et son tourment est de n'avoir jamais pour cela, assez de jour et de lumière.

J. M.

LETTRE XLVII

25 janvier 1849 [1].

Il y a quelques heures, j'étais entouré de mon auditoire, c'est à dire du Monde, celui que l'Europe nous envoie par ses *Exilés*.

Maintenant, la foule s'est dispersée et je suis seul !... Toi-même, amie, tu m'as quitté pour regagner ta montagne. Mais si loin que tu sois et, si grand que soit le vide que me laisse ton absence, je sens que désormais il ne peut plus y avoir de séparation réelle entre nous, ce jour ayant consommé l'assimilation de nos âmes.

Venant à mon cours pour la première fois, et ne te doutant pas de l'accueil qu'on allait me faire, dès ton arrivée dans cette salle émue, tu as été troublée de moi d'une manière toute nouvelle.

Quand je suis entré, si pâle déjà, je t'ai vue pâlir encore. Quelle aura donc été ton émotion, lorsque tu as vu le grand effet des paroles tendres, hautes et fortes, que nous avions lues, ou plutôt trouvées ensemble la veille. C'était tout autre chose de me les entendre dire devant cette foule frémissante, que depuis dix ans je nourris de mon propre cœur. Le tien, amie, désormais, y sera mêlé. Ce cours, né de toi, écrit pour toi, l'est

1. Jour de la première leçon au Collège de France.

presque par toi. Chaque jour il est inspiré de nos pensées communes.

Aujourd'hui même, j'ai saisi l'occasion d'appliquer aux calamités du temps où nous entrons, et aux Patries malheureuses dont j'avais les représentants devant mes yeux, le mot profond, le mot austère, par lequel tu m'as remis ta destinée : « Je vous suivrai, dans la liberté, ou la fatalité. »

A ce moment, un vertige magnétique a soulevé la salle ; je t'ai regardée encore, pour te rendre ce qui t'appartenait, et dans tes yeux si parlants, j'ai vu que c'était toi qui me donnais à la fois ton âme tout entière, ton esprit charmant, et ton cœur attendri.... Triple don, de trois choses immortelles. Je les ai, comme l'avare qui couve son trésor, ensevelies en moi, et si profondément, que si l'idée te venait un jour de vouloir les ressaisir, il faudrait pour cela me prendre ma vie même, en m'arrachant le cœur.

J. M.

Le grand mouvement d'idées, de vives sympathies pour les nations opprimées, qui me demandaient un secours moral ; ce moment rare et solennel, nous comptera pour tous les deux énormément en ce monde....

Dès ce jour, poussèrent les ailes qui lui vinrent avec *l'Oiseau*.

Mais moi, du premier moment, j'embrassai à la fois l'homme et la nature.

Au monde en ruines, je disais : « Qu'importe, je vais te refaire par la force de mon cœur et par l'esprit de sacrifice, sans lequel rien n'est possible. » Je repris le dernier homme de Grainville, mais en sens inverse, et je reconstruisis le foyer, la cité, l'autel.

Quant à la nature, ce fut l'intérêt de cette vie si chère, si frêle, qui m'ouvrit une lueur nouvelle sur un monde inexploré[1]....

LETTRE XLVIII

M. MICHELET A MADAME MIALARET[2]

26 janvier 1849.

Madame,

Que je vous suis tendrement attaché ! et que ne vous dois-je point ! quel inestimable diamant vous voulez bien me donner ! Avant de vous avoir écrit, avant d'avoir reçu cette lettre si bonne pour moi, je vous aimais, je vous savais un gré infini d'être mère d'une telle fille, je vous rapportais une partie de ses charmantes qualités, et, autant que je puis vous connaître déjà, ces qualités sérieuses et solides qui étonnent dans une si jeune personne.

Permettez-moi, madame, ce bonheur de vous en

---

1. Tiré du Journal.
2. Après la lettre de consentement donné par ma mère à notre mariage.

Mme J. M.

parler, de vous dire que, d'heure en heure, j'ai le cœur plus rempli d'elle, et plus attendri pour elle.

Et je ne crois pourtant pas que ce soit le progrès d'une aveugle passion.

Non, ce n'est pas seulement parce qu'elle est jeune et charmante ; ce n'est pas parce que je l'ai soignée, sauvée peut-être, et qu'en elle je vois mon enfant ; ce n'est pas parce qu'elle m'aime, plus que je ne devais l'attendre, et que j'en suis reconnaissant. C'est surtout parce que je ne passe jamais un jour sans trouver en elle quelque don nouveau, quelque côté à la fois grave et aimable, de l'esprit, quelque trait inattendu de sa jeune sagesse, qui la ferait désirer de tout le monde, comme ami et conseiller. Elle serait, je le vois de plus en plus, en toute affaire, en toute circonstance difficile, le plus solide ami.

Que ne vous dois-je pas, madame ! Vous me donnez en une même personne l'harmonie des qualités qui semblent le plus s'exclure, l'ensemble le plus complet que j'aie jamais rencontré ; je distingue en elle les mérites divers des nations auxquelles sa famille appartient, fondus dans un charme infini. Que cette enfant soit un monde, c'est pour moi l'occasion d'un étonnement toujours nouveau, et, je dois le dire aussi, d'une admiration respectueuse et d'un véritable culte.

Elle est complète en elle-même, elle est de celles qui absorbent, non de celles qui sont absorbées. Mais ceci ne m'effraye pas. Cet esprit jeune et ardent, sous des formes si réservées, a, si je ne me trompe, l'ambition des choses de l'âme, il a tous les germes en lui, mais il a aussi le besoin de les développer, et de les amener à leur plénitude. Elle trouvera près de moi des occasions continuelles de l'enrichir moralement, de croître et grandir encore.

Elle voudra, sans s'y perdre, entrer dans mon tourbillon, elle partagera chaque jour mes pensées, mes difficultés, que sais-je ? Mes malheurs peut-être, les persécutions auxquelles doit s'attendre tout libre penseur. Eh bien, pour ces choses mêmes, et pour ma force à les supporter, elle m'aimera.

Quant à moi, je le sens, avec une telle compagne dans la vie, rien ne me sera difficile. J'espère que Dieu me fera la grâce d'être héroïque à cause d'elle !

Voilà mon espoir, madame, je vous le confie ; vous êtes ma mère. Voilà pourquoi je m'embarque avec charme et sécurité sur cette mer de passion. Je l'aime tant ! je me fie tant à elle ! Elle sait si bien qu'il lui suffirait d'un mot pour me faire mourir ! Elle voudra toujours que je vive.

C'était hier mon cours au Collège de France, et c'était la première fois que j'avais le bonheur de parler devant elle, le bonheur d'être parfaitement entendu, et profondément compris.

Mon cours finira dans quelques semaines, et c'est à cette époque, si vous le trouvez bon, que nous pourrons nous unir. Je serai bien heureux, madame, de vous voir, de vous connaître personnellement, de vous montrer un peu Paris, de vous prier aussi d'organiser le nouveau ménage pour la chose que je désire tant *qui lui soit agréable*, et qu'elle y trouve, ma chère petite malade, tout ce qui peut faire désirer la vie.

Je n'entends point par là le luxe où la richesse : je ne puis, malheureusement les lui offrir ; mais je parle de bien des choses qui sont de commodité ou d'agrément, qui sont appropriées à la personne, et qui peuvent lui faire sentir, à toute heure, qu'autour d'elle, tout l'aime, que tout est combiné pour elle et dans ses goûts connus ; qu'elle est le centre, le but unique du petit monde où elle s'établit.

Pauvre jeune cœur, qui, loin de sa famille, a tant souffert d'une existence relativement gênée ! Qu'elle sente aujourd'hui, que tout est changé pour elle ; qu'on la prie, au contraire, d'être libre, heureuse, et de tout arranger pour elle. Tout le reste (les choses et les personnes) lui sera relatif, disposé en vue de lui plaire.

Je voudrais qu'en cette maison, petite et sans éclat sans doute, elle ne pût voir ou toucher un meuble, ou un objet quelconque, sans y sentir l'ardente, l'insatiable volonté qu'on a d'être aimé d'elle, que tout lui dise : « Je suis vôtre et vous aime ; et tout ici, de même ; les murs mêmes vous aiment aussi. »

Je ne puis m'arrêter, madame, j'ai le cœur plein encore, je ne vous demande point excuse pour cette longue lettre, je sens trop qu'en tout ceci nos cœurs sont bien d'accord ; et ils le seront toujours, madame, ils le seront en tout. Notre lien est trop fort par elle ; nous nous tenons maintenant pour la vie.

Votre fils,

J. M.

LETTRE XLIX

28 janvier 1849.

M. Dupont[1] m'attend jusqu'à dix heures. J'y vais. A onze heures, je viens prendre tes ordres, je ne vis plus que par toi, je ne vis plus sans toi.

Donne-moi, je t'en prie, ce *jour tout entier.* Commande souverainement. Veux-tu rester dans *Paris* (musée du Luxembourg ? Préault ?); je souffrirai, et t'obéirai. Veux-tu *Versailles* ? je serai ravi et t'obéirai aussi. Le musée t'y donnera une promenade à couvert. De toute façon, je t'en prie, donne-moi ce jour entier.

Après-demain, si tu le permettais, nous pourrions, en voiture, visiter quelques maisons vers Neuilly, et déjà aviser à nos arrangements. Tout dépend de nous, après tout. Ta mère serait priée de venir en février, nous nous établirions en mars.

Adieu, je meurs de toi. Je te vois dans une heure, et ne sais comment la passer.

J. M.

30 *janvier*. — Elle a préféré la promenade au grand air d'abord, puis Saint-Germain, qui lui donnait à la fois la nature et l'histoire.

---

1. Le propriétaire du pavillon des Ternes dont nous allions devenir les locataires.

Il est bien triste, bien déformé.

Le château est petit, mais vaste la terrasse, et vaste le balcon. Le roi s'y trouvait aux premières loges pour voir son royaume. Saint-Cloud, lui, voit et surveille de près Paris; il était à la portée de la lorgnette de l'Empereur.

Saint-Germain peut se définir : un grand château féodal pour François Ier, à qui l'intérieur appartient tout entier; petit château royal pour Louis XIV, qui n'en voulut pas. Il mit en face son caprice de Marly, « un lieu modeste, sans perspective », dit Saint-Simon. Il n'a que celle de l'acqueduc romain qui, lui, domine un vaste et doux paysage de France. Louis XIV, tout en ne voulant pas de Saint-Germain, y est resté assez longtemps pour affubler les tours légères du fils de Grandgousier de gros pavillons, propres à loger des rois à la demi-solde. Appartements étroits et tortus, comme l'esprit de ce pauvre Jacques, de ce pauvre Charles X.

Il eût fallu respecter le monument de l'hospitalité de la France, l'agonie de la royauté catholique d'Angleterre, la fraternité trop oubliée de l'Écosse et de l'Irlande.

L'idée d'exhausser le parapet du fossé de six pieds, de crever les yeux de la pauvre vieille maison, d'ôter aux malheureux qui y logeront une si belle vue, cela est inepte et barbare.

On comprend si bien de là, l'Ile-de-France, Saint-Denis, au point de vue, la Delphes de la France. C'est, sur la Seine, ce que Tours est sur la Loire, ce qu'est sur le Rhin, la trinité sainte de Strasbourg, Mayence et Cologne.

On aime à la regarder, cette riche ceinture de la Seine, si joliment perdue dans ses îles ! Sans doute, on voit peu de bateaux sur son parcours, peu de moulins sur ses bords, et les monuments qu'on y a bâtis sont en ruine : Rueil, la Malmaison, la machine de Marly.... Mais si les vaisseaux ne la remontent pas, comme la Tamise, elle me représente, ma Seine, la douceur et la sociabilité de ce pauvre peuple, de ce grand peuple que les étrangers comprennent peu.

Et cela est naturel, la France étant le produit le plus mixte de l'humanité, c'est le dernier mot de l'histoire.

Le caractère des révolutions de ce peuple c'est d'amener peu d'avantages réels pour lui-même, mais d'imprimer au monde un grand mouvement. Le résultat positif n'est pas le but, mais le mouvement.... C'est à lui de mêler le monde. Nous ne nous sommes pas fort enrichis à ce métier. Nous n'avons pas fait nos affaires comme les Anglais, ni étudié comme les Allemands, dans ces années où nous avons marié les peuples par la lance, comme l'épouse romaine.

Est-ce à dire que nous n'ayons rien fait? Le caractère de la guerre de Bonaparte ayant été, par sa durée, d'isoler de plus en plus la France, de lui ôter son caractère européen et sympathique, qui avait fait d'abord sa grandeur, il devait arriver que le monde, inondé par elle, refluerait sur elle.

Alors la France, qui ne pouvait plus grandir moralement par la guerre, a commencé à grandir par la paix. L'invasion a été sa *passion*. Elle a souffert, elle a compris, elle a connu le monde, et par cela, comme à d'autres époques, elle a acquis une conscience plus nette de soi.

Pendant que je lui dis quelque chose de ces idées qui me sont venues déjà en 1834, et qu'elle entend à merveille, son regard, comme le mien, enveloppe ce paysage *très complet*. Au point de vue, un *mont*, un mont de forme pyramidale, comme les cônes volcaniques des campagnes d'Italie, et, plus près, la crête de la montagne, coupée, marquée sur l'horizon par l'aqueduc de Louis XIV. Au pied même de la terrasse, une île très bien déterminée à l'œil, qui a l'air de descendre le beau fleuve; dans le lointain plus ou moins idéal des collines, des lignes onduleuses et d'une extrême douceur; du fleuve à la terrasse, la pente harmonieusement graduée des prairies aux vignes et les travaux du peuple, à côté de la promenade royale, contigus sans se mêler, de sorte que les laboureurs puissent dire comme à Booz : Le *seigneur soit avec vous*, et qu'il puisse répondre : Le *seigneur vous bénisse*.

Aussi, Henri IV s'était-il fait un pavillon sur le bord même de la terrasse, un tout petit nid, où il n'y avait guère de place que pour le Roi.

C'est là que je l'arrête pour prendre un moment de repos, après notre longue promenade.

Du pavillon Henri IV, la vue est à la fois grandiose, grave et douce; elle se couronne noblement du mont Valérien. La brume qui s'étendait sur les petits bois de chênes roux y ajoutait une teinte mélancolique. J'étais ivre d'un bonheur recueilli. Son âme seule à ce moment m'occupait, son mérite singulier qui me fait de plus en plus sentir combien j'ai eu raison de me remettre à elle, et moi et mon avenir.

31 *janvier*. — Résumons-le, ce mois si rempli par le travail, les idées. Si différente des autres femmes, qui n'auraient pensé qu'à m'absorber dans mon sentiment, elle, a constamment employé tout son effort à m'affermir dans ma voie. Il en est résulté cette chose unique, c'est que dans un si grand tiraillement d'affaires de famille, de devoirs à remplir, d'explications pénibles avec les miens, j'ai, non seulement achevé la seconde moitié de mon troisième volume : *le 10 août,* — *le Danger*

de la Patrie..., et revisé le cours de 1847-1848, dont je veux faire une nouvelle édition, mais j'ai encore commencé, dès le 3 janvier, à préparer avec elle, par nos entretiens, celui qui s'ouvrira le 25.

Comment obtenir cela d'un homme si passionné qui ne quitte sa pensée dominante qu'avec une extrême peine? Et l'obtenir, sans calmer la passion par le bonheur?

L'alibi, c'est elle, ce qu'elle donne à l'âme. Sa douce société dans la solitude des musées, de nos promenades quotidiennes, est très féconde pour moi. Attentif, comme je le suis, à suivre tous ses mouvements intérieurs, les réponses que je fais à ses questions me sont, à moi-même, un profit. Elles me renouvellent de mille manières.

Au point de vue religieux, les nuances mélancoliques qui semblent des nuages du passé sur notre azur présent, m'ont fait comprendre que le maître doit *fortement affirmer*.

Quelque bienveillance qu'il ait pour ses adversaires et ses ennemis, c'est pour lui un devoir de poser fortement son principe, et, par là, de donner à une jeune âme qui voudrait foi et repos, de lui donner un bon et doux oreiller où elle s'appuie en confiance. Le maître indécis, en apparence, qui, par bonté et par générosité naturelle, ménagerait devant son disciple la partie adverse, l'épargnerait, la louerait même, par un excès d'équité, ce maître ne pourrait jamais exercer aucune action.

Le disciple, partant de l'idée que la vérité est une, serait troublé de voir que l'erreur peut contenir une part de vérité relative. Il est bien rare que la précocité d'entendement d'un jeune esprit lui permette d'accepter cela sans trouble. Il faut, pour que son cœur s'affermisse, prenne calme et force, ne lui offrir le vrai, que dans sa forme absolue et simple.

Telle que je connais mon enfant, je suis certain qu'elle arrivera d'elle-même, tout naturellement, à faire le travail par lequel elle jugera, comme le philosophe, que la variabilité dans les formes de la vérité, résultant des époques, des peuples, des lieux, ne fait aucun tort à ce que la vérité a d'absolu, d'éternel.

Le dimanche, je la prends plus tard, et nous allons soit à Passy, voir Béranger, soit dans les profondeurs du Marais, tout près des Archives, rendre visite à Lamennais. Nous les trouvons presque toujours seuls.

Béranger, si bon, si aimable, dès le premier jour l'a accueillie avec une bonhomie paternelle. Lorsqu'il a su ce qu'elle doit être pour moi, il s'est offert spontanément pour représenter son père, lui donner le bras et « être tout près d'elle lorsqu'on lui fera jurer obéissance ».

Lamennais, si âpre, si sombre, d'une autre manière a été touché d'elle. Il lui lit des passages du Dante qu'il s'est mis à traduire pour se faire une grande société dans son isolement. Sans doute, il a senti en elle, quelque chose de la Béatrix qui ravit Dante à douze ans. Elle a aussi, dans sa pâleur et sa mélancolie, de la *Pia*, l'infortunée de la Maremme. Par bonheur, elle en sort pour vivre encore, nous l'espérons.

En réalité, tout nous est occasion de nous élever au-dessus de nous-mêmes. Aussi, j'avoue, qu'à part le dimanche, je ne cherche pas d'autre société que la sienne, ayant par elle un prodigieux alibi de toutes les choses de la terre.

Il m'arrive ce miracle, de la promener dans Paris, ce sombre et splendide Paris de l'hiver, sans y remarquer personne. La ville est pour moi déserte. Nul bruit, nul plaisir, nul théâtre, tout a disparu.

Cette complète solitude, qui dure depuis deux mois, était plus profonde encore, quand le brouillard nous enveloppait. Nous allions dans la nuit, une nuit crépusculaire, où si je n'avais pas senti, pour me rassurer, la chaleur de son bras délicat, j'aurais craint de la perdre, cette ombre adorée.

Mais comme si le ciel avait compassion de ma chère malade, le plus souvent, il lui envoyait les rayons d'un pâle soleil, avec un air léger, caressant. J'ai profité de ces belles journées pour la sortir de Paris. Le chemin de fer rend tout facile. Ils sont beaux à voir, dans l'austérité de l'hiver, ces horizons, lorsque le dépouillement des bois les étend, et donne à l'œil la perspective réelle des collines qui font à la grande cité du travail sa belle et ondoyante ceinture. Ici, l'histoire, dont je la nourris, trop peut-être, s'adoucit par la nature qui lui sert de cadre.

Ces promenades : Saint-Mandé, Vincennes, Sèvres, Saint-Cloud, hier Saint-Germain, ont toujours été pour elle des jours de fête[1].

1. Tiré du Journal.

FÉVRIER

1849

FLUCTUATIONS

FLUCTUATIONS

FÉVRIER

1849

LETTRE L

2 février 1849.

Ma fille, mon amie, mon enfant!

Vivons, je t'en prie, dans la grâce! dans l'*indulgence illimitée*; si je manque, ou si tu manques, *que le plus innocent des deux demande pardon* à l'autre, et lui jette les bras au col, c'est là la grâce et l'amour.

O mon enfant, vivons, je t'en prie, comme deux petits enfants, en joie innocente, sans orgueil, ni fausse dignité, ni rancune.

Je t'ai donné hier un mauvais exemple; au lieu de te gagner à l'indulgence, que je prêche, je me suis laissé aller à imiter tes sévérités, je me le reproche; — j'étais dans un jour d'agitation nerveuse, d'irritation, de sécheresse, — autrement, j'aurais tout souffert, et je t'aurais montré par ma douceur, à souffrir un autre jour. Au point le plus violent de mon irritation, je me serais jeté dans tes bras, tu te serais attendrie, et tu m'aurais refait, peut-être, la lettre à laquelle je tenais tant.

Le mal est, que des deux côtés, nous avons eu tous deux bien des années difficiles. Nous avons eu à lutter, à nous défendre ; les ongles nous ont poussé comme à deux lionceaux, qui mis ensemble, réunis en bonne amitié, s'aiment et se griffent pourtant.

Maintenant, que nous allons à nous deux composer un petit monde solitaire, oublions la vie de lutte, aimons-nous, aimons la paix. Je sais ton bon cœur, ton grand cœur, ton âme charmante, pleine d'aspirations et de hauts désirs. L'un de ces désirs est que cet homme qui t'appartient soit utile aux hommes, et leur rende un peu de cet esprit de douceur, qui semble exilé du monde. Pour le donner, il faut l'avoir. Il faudrait donc que ton ami, jusqu'ici poète et artiste, nerveux et passionné, devînt près de toi, dans le doux abri du bonheur que tu peux lui faire, un homme d'harmonie puissante, tout à fait équilibré. La vraie force, l'héroïsme, l'héroïsme de l'esprit, la grande influence sur le genre humain, ne se sont trouvés jamais que dans les hommes d'équilibre.

L'art demande cette condition, et il se trouve pourtant que la vie de l'art nous porte sans cesse à sortir de l'équilibre. Moi, par exemple, obligé, jour par jour, de reproduire, en les partageant, les passions violentes de notre révolution, comment puis-je aisément garder l'équilibre de mon cœur? Ce cœur est dans ta jeune main, amie, tu peux chaque jour, quelque orageux qu'il puisse être, d'un baiser lui rendre la paix.

Tu es maintenant pour moi le rayon de la Providence ; par toi seule, ô amie, ô chère, j'aurai le jour ou la nuit. Oh ! que je me sens le cœur dépendant de toi, en toi plein de crainte, et, par toi, plein d'espérance ! Continuerai-je d'être un torrent trouble et rapide, qui parfois étonne, peut-être, mais qui ne féconde guère, qui aujourd'hui coule à pleins bords, et demain se traîne à sec ?... Cela dépend de toi, de toi seule. Si tu veux faire de moi un fleuve, ah ! je ne demande pas mieux, donne-moi un doux rivage, un lit régulier et profond. Tel lit, tel fleuve. L'eau n'est rien que par la direction. Je le sens trop bien maintenant, je me sens tout relatif, fluide et prêt à te suivre dans tous les hasards de ta volonté. Je t'en prie, qu'elle soit grande, juste, selon ta nature, je ne suis plus rien qu'en toi.

Est-ce que tu ne sens pas encore, ô jeune amie ! dans quel abîme je suis tombé ? est-ce que tu ne vois pas que je ruse avec le monde, que je fais semblant de vivre, d'agir, d'écrire, de parler, et qu'en réalité, souvent, un autre parle, agit à ma place ; mais, pour moi, je ne suis plus.

L'amour, dit quelque part la Bible, *est fort comme la mort*. Non, ce n'est pas cela encore ; non, l'amour, en un sens, c'est la *mort même.* — Mourir en soi, vivre en un autre.

Enfant, tu as en toi une grande et redoutable puissance. Eh bien, emploie-la à refaire la vie.

Tu le peux, par l'amour persévérant, par la douce tendresse de chaque jour et de chaque heure.

Que mon âme, qui n'est plus, renaisse plus harmonique en toi, — car en toi seule elle veut être. En toi, tout ; et rien hors de toi.

Ne crois pas la ressusciter par l'honneur ou par la gloire; cela est éteint. Hélas! l'amour du genre humain y semble même affaibli. Sache-le bien, la vie, c'est toi-même, la récompense toi-même, l'espérance toi-même. Tu ne peux me faire revivre qu'en te donnant tout entière, te perdant en moi, mourant à ton tour.

J. M.

LETTRE LI

7 février, 10 heures du soir.

Autant que vous, ami, je désire la paix. Mon ébranlement est encore si profond! Votre lettre m'a navrée, j'en ai le cœur plein de larmes. Non, la « puissance redoutable » n'est pas en moi, ce serait contre nature. Elle est toute en vous, et selon qu'elle se manifeste, j'en vis ou j'en meurs.

Les épreuves réelles vont venir, dites-vous. En les attendant, ne nous affaiblissons pas en nous en créant de chimériques. Jetons plutôt l'ancre d'avance, vous « sur le roc », et moi dans votre cœur. Hors de vous, hélas! je ne rencontre que le vide. Le monde, les parents, les amis, où sont-ils maintenant? Et mon âme, qu'en reste-t-il?... L'ayant donnée toute entière, je me trouve à merci, à la vôtre.

Vous me demandez de mourir à moi-même pour ne vivre qu'en vous.... Mais ce vœu est déjà accompli, et cette mort m'est douce parce qu'elle exalte la volonté que j'ai de répondre chaque jour davantage à vos appels au sacrifice, à l'abnégation. Elle tient encore, ma grande volonté, à la passion que j'ai du devoir.

Rien ne m'aidera plus à le remplir, que votre confiance. Elle sacre et oblige.

Aujourd'hui, ma faute a été d'être trop prompte. Ces mouvements rapides comme l'éclair sont à surveiller. Je m'y appliquerai, soyez-en sûr. Mais en quoi ce qui n'est que vivacité de nature peut-il vous alarmer? Le cœur n'a rien à voir ici, ou plutôt il est là pour adoucir bien vite la blessure faite involontairement.

Cette lettre que vous regrettez, qui avait été écrite pour vous et qu'on a décachetée, « par inadvertance », je veux le croire, mais qu'on a lue, sans aucun doute avant de vous la rendre, comment voulez-vous que je l'accepte de sang-froid.

Elle pouvait être lue de l'univers entier, étant digne de vous et digne de moi. Si mon trouble a été profond, c'est que j'ai senti une fois de plus qu'un tiers était toujours entre nous.

Hélas! non, ami, vous n'êtes point seul avec vous-même quand je ne suis plus près de vous. La solitude, quand deux âmes s'aiment, a un tout autre effet que de les alarmer. Séparées, elles sont plus fortement l'une à l'autre peut-être, et cela est délicieux.

Qui empêche qu'il n'en soit de même pour vous? Ce que je viens de lire me le dit : « J'étais dans un jour d'agitation nerveuse, d'irritation, de sécheresse. »

Pourquoi d'*irritation*? Ami, vous aviez bataillé. C'était un reste de votre orage que vous m'apportiez.

Pour revenir à ma lettre, il m'a semblé qu'après ce regard indiscret, elle n'était plus à nous, ou que,

,tout au moins, elle ne nous rappellerait plus tard qu'un pénible souvenir. Mieux valait la détruire.

- Une pensée chassant l'autre, j'ai oublié que ma lettre ne m'appartenait plus, qu'elle était devenue *vôtre*, et, qu'avant de la déchirer, je devais vous en demander l'autorisation. Là est mon tort. Pardonnez-le moi.

- L'espoir qui me soutient dans ma peine, c'est qu'une fois à l'écart, et bien étroitement unis, le calme renaîtra pour vous de lui-même. Je serai si constamment, si simplement occupée de tout ce qui pourra vous grandir ou vous rendre heureux!

Ma main dans la vôtre, bonsoir, ami.

A. MIALARET.

LETTRE LII

Lundi, 5 février 1849.

Au moment même d'écrire un mot pour jeudi, je relis pour la dixième fois ta chère lettre et la baise encore. Oh! combien elle ajouterait, si cela était possible, à mon désir de t'avoir à moi. Tu as le charme du corps, augmenté des mystères d'une âme puissante, qui rend au centuple tout ce qu'on y met.

Une femme, une fille très jeune, en plusieurs choses physiques, un enfant, et un penseur; un héros peut-être, et pourtant faible pour moi. A tout cela se joint un autre charme, hélas! auquel je ne résiste jamais, le charme de la douleur, le tendre intérêt qui s'attache aux malheurs non mérités.... Ce que ton père, ton ami, *ton époux*, celui à qui tu te donnes, voudrait créer en toi.... Amie, *c'est ton propre cœur.*

Il est si tendre! — j'ai le bonheur de le voir et d'en jouir — tendre tout naturellement, mais par suite du barbare acharnement avec lequel le sort semble t'avoir poursuivie, ton cœur *est plus tendre que doux.* La douceur augmentera en toi, par la liberté, par le bonheur; que ne ferai-je pas pour te le donner?

Je crois aussi, j'espère qu'initiée peu à peu aux questions qui touchent les destinées du genre humain, ta tendresse *embrassera* d'un même amour, et ton initiateur — et le pauvre *monde* souffrant dont tu connaîtras les tristes mystères. Sortie de la société où tu languissais captive, tu vivras et plus solitaire, et pourtant au milieu d'une plus grande société, celle de l'humanité entière. Ton cœur ira s'élargissant, devenant chaque jour plus sympathique, à mesure qu'il sera heureux.

Tu auras aussi cela, de savoir, chaque matin, que tes bonnes pensées de la nuit, pour telle infortune, pour telle nation opprimée, pour telle classe d'hommes souffrants, tout cela *sera recueilli* d'un cœur bien tendre, reçu de toi, avec respect et bonheur.

Tout de toi, c'est de l'amour. Et pour être aimé de toi, qu'est-ce qu'on ne pourrait pas faire?

Par les livres, ou par les hommes, on fera les plus grands efforts pour accomplir tes volontés.

Nulle pensée de toi ne sera perdue, nul sentiment généreux, nul vœu de ton cœur.

La plus faible voix en France, si elle agit à la fois

par l'organe moderne, la presse, — par celui du moyen âge, la prédication, — est très puissante à la longue. Et quand même elle serait mal entendue, ici même, dans le bruit des vaines disputes, elle n'en porte pas moins au bout de l'Europe, et souvent bien au delà.

Tel est le singulier rayonnement acoustique de la France au monde, que tel mot, à peine entendu ici, vibre au fond de l'Amérique, aux déserts de la Russie. Que de fois, des pays lointains, me sont revenues mes propres paroles que moi-même j'avais oubliées!

Dans ce moment, amie, il s'agit pour moi d'une chose très instante et très pratique, qui doit être la pensée secrète de la prochaine leçon[1], parmi beaucoup de choses moins importantes, qui saisiront mieux le public, c'est d'*intervenir en faveur des races prétendues barbares*, qui subsistent encore, et que la barbarie européenne fait disparaître chaque jour. Qu'est-ce donc, hélas! que la civilisation? Partout où nous paraissons, la vie s'éteint ou recule.

La plus grande *plaie de l'amour* en ce monde, c'est la *disparition* sans retour et sans remède de tant d'êtres qui ont peuplé le monde et dont les analogues ne se retrouvent plus.

Les *espèces* disparues furent-elles sans originalité regrettable?

Et les *races* humaines, les Caraïbes héroïques, les Peaux-Rouges de l'Amérique, les Mexicains, etc, etc.

Et les *peuples* disparus : Toscans, Carthaginois et Phéniciens....

---

1. La leçon qu'il préparait sur les *hostilités de races*.

Hélas! nous-mêmes, comme ces peuples, nous disparaissons et nous ne nous retrouverons plus; l'individu est lui, non un autre et ne sera pas remplacé. Réchauffons donc d'amour ce petit moment que nous traversons comme des oiseaux rapides, à tire-d'aile, entre deux nuits.

J. M.

LETTRE LIII

6, mardi, 2 heures.

Le Collège de France, convoqué pour 1 heure, n'est pas encore assemblé, — et je me consume d'impatience. Le temps va, le soleil luit. Que ne suis-je ailleurs?

Ainsi court et passe la vie.... Amie, permets-moi de regretter amèrement ce temps si rapide, — perdu avant toi, — perdu encore aujourd'hui, dans le court moment de bonheur, qui, par toi, me luit ici-bas.

J. M.

LETTRE LIV
A Mme LA PRINCESSE CANTACUZÈNE

8 février 1849.

Madame,

J'aurai, dans un mois, le bonheur d'épouser votre charmante amie, Mlle Mialaret.

L'obligeante réponse que vous avez bien voulu faire

à ma première lettre me faisait un devoir de vous en faire part moi-même. Je vous suis d'ailleurs, et vous resterai éternellement obligé, pour l'intérêt tendre avec lequel vous l'avez soignée, consolée dans la crise douloureuse qui l'avait mise si près de la mort. Tout cela est écrit dans mon cœur, et pour toujours.

La grande disproportion d'âge qui est entre nous semblait devoir être un obstacle insurmontable ; — moi-même, d'abord, j'en jugeai ainsi, j'hésitai, malgré notre affection commune, à associer cette jeune destinée à celle d'un homme, en ce moment, il est vrai, au *maximum* de l'activité, mais qui pourtant dans dix ans entrera dans un autre âge. — Je regardai autour de moi, bien décidé à me sacrifier, si je trouvais un homme qui me parût digne de celle en qui la Providence venait de me donner un enfant, et le plus aimé de tous.

Je voyais l'esprit ardent, actif, un peu inquiet, peut-être, de ma chère Athénaïs, cette flamme d'intelligence qui veut sans cesse un aliment. Il fallait donc lui trouver, non seulement quelqu'un qui ne déplût point, mais qui pût l'associer à une activité constante, celui dont la vie, appropriée aux goûts, aux habitudes d'esprit, qu'elle a déjà, lui donnerait chaque jour, même dans une vie paisible, le sentiment du mouvement, du progrès, l'intérêt de quelque recherche, le bonheur de vouloir toujours, de trouver toujours, de chercher encore.

En deux mots, il lui fallait, pour le repos du cœur, peut-être, trouver en celui qu'elle aimerait la constante agitation de l'esprit.

Oserai-je vous le dire, madame, je me suis trouvé

le seul qui me parût remplir cette condition. Un tel rapport entre nous m'a paru, après tout, le lien légitime nécessaire, malgré la différence d'âge. Je me suis dit : *Dieu le veut!* et, la main sur la conscience, je me suis, sans remords, ni reproche d'égoïsme, adjugé à moi-même cet inestimable diamant.

Plus j'ai le bonheur de la voir, plus je sens que ceci était préparé. J'ai cherché toute ma vie, et n'ai jamais trouvé qu'elle. Le rapport d'esprit est profond ; il se voit dans les traits mêmes. J'ai ressemblé beaucoup à M. Guizot, quand j'étais plus jeune et plus maladif. Athénaïs, aujourd'hui, lui ressemble, ce n'est pas moi seul qui l'ai remarqué, et ressemble bien plus encore à ce que je fus autrefois. Ceci n'est point une illusion ; dans la maison où elle est, on avait décidé, sur cette analogie de traits, qu'elle était ma fille.

Ainsi, l'harmonie, en dépit du temps, semble ici complète. Plus âgé, je suis, en récompense, mieux portant, et susceptible d'une activité plus constante. Cette harmonie va croissant et croîtra, je l'espère, encore. Je lui apporte deux choses : l'amour, et l'amour paternel, et je n'osais guère attendre de retour que pour le second. J'ai été bien plus heureux.

C'est ce bonheur, madame, profond, inespéré pour moi, que je voulais surtout confier à votre amitié. Quelle que soit l'illusion qu'elle se soit faite sur moi, soit qu'elle ne distingue pas, dans sa sympathie, l'écrivain et l'homme, soit que la force contagieuse de l'amour ait troublé son jeune cœur, il n'importe : J'aime et *suis aimé*.

Je vous présente, madame, mes hommages affectueux et reconnaissants.

J. MICHELET.

Je crois vous faire plaisir en vous apprenant qu'elle se porte mieux déjà. Sa santé sera meilleure encore, dans sa petite maison à elle, que j'ai choisie hors Paris, entre les jardins et les bois.

Vendredi, 9. — « Je l'ai conduite aujourd'hui, avec son amie, au musée de Versailles. En prévision de cette course rapide, je lui avais déjà fait lire quelques-unes des notes écrites en 1833, et qui sont entrées, en partie, dans mes leçons faites aux princesses[1] :

« Versailles est, dans son ensemble, un entassement oriental. C'est la montagne royale : terre, eau, nature, bâtiments, statues, bronzes, marbres.

« Le couronnement est un peu maigre. La balustrade, légère, a un peu l'air d'un colossal joujou d'enfant. Trop peu de statues, c'est le signe d'une civilisation où l'art n'est pas naturel.

« A cette masse — le château — il manque par en haut, la mansarde, les petites croisées, c'est-à-dire la part du peuple.

« Ce qui fait l'effet des Invalides, ce sont les innombrables fenêtres de la façade qui disent : « Je m'appelle Légion. »

« Il en est de Versailles comme du Capitole de

---

1. Ces notes m'ont paru intéressantes à donner à trente ans de distance de son *Louis XIV*, écrit en 1864.   Mme J. M.

Rome; prodigieux escaliers qui mènent à une chose peu importante.

« Après cette monstrueuse orangerie souterraine et ces degrés qui, de bassins en bassins, de cascades en cascades, semblent devoir vous conduire au ciel, aucun ouvrage humain ne peut remplir l'attente, quand même on y entasserait les Ninives, les Babylones d'Ézéchiel et de Martyn.

« Ces briques, ces marbres rouges en colonnes, en lambris, ces marbres panachés en gradins, de l'or partout, même en balustrade, — comme celle de la chapelle, — cette variété de couleurs est un luxe barbare, ainsi que ces tritons, qui semblent entonner leurs conques de bronze, pour rugir les louanges du *Grand Roi*. Le grand roi, comme Xerxès....

« Ce roi *Soleil*, en Apollon, en Jupiter, semble d'abord le plus grand fat du monde. Mais on rit moins, quand on reconnaît sous cette noble et insignifiante figure, la force et la grandeur du peuple centralisées pour la première fois.

« Il y a à la chapelle une devise bien impie qui s'applique, en effet, à Louis XIV, le vrai roi de ce temple : *Veniet in templum suum dominator*[1].

« Au milieu de cette pompe, de cette apothéose, on pense malgré soi à l'infirmité du grand roi....

1. Le seigneur viendra dans son temple.

C'est le mot de l'esclave à l'oreille du triomphateur qui le porte derrière lui sur le même char. Il fallait un prodigieux sérieux dans cette cour et une fascination bien forte, pour que cette infirmité n'ôtât rien à la divinité du lieu.

« C'est à tort que Louis XIV évitait de quitter jamais, devant témoin, sa monstrueuse perruque. Cette religion était immuable, ou du moins viagère. Il pouvait y compter tant qu'il vivrait. On disait dans la grande galerie : « Le roi prend mé-« decine, » etc. Il ne restait pas moins un dieu.

« Il n'y eut guère de changement autour de lui, mais en lui.... Cette invariable idolâtrie dont il fut l'objet tant qu'il vécut, lorsque tous les jours on le voyait passible de toute misère humaine; cette robuste religion monarchique qui résistait à tant d'événements eût dû faire soupçonner aux historiens qu'il y avait quelque fondement à cette persistance quand même ; qu'elle n'était point si ridicule qu'elle le serait de nos jours; qu'à une époque où l'État était incarné dans un homme, où le peuple avait son premier avènement dans la personne du *Grand Roi* populaire et niveleur (à son insu, il est vrai), cet homme devait devenir un dieu.

« Action immense, personne insignifiante et d'autant plus propre à représenter une si grande généralité. Ce contraste devait produire un étonnement, une ignorance, un mystère, une religion....

« La première époque du règne de Louis XIV, celle où le roi est encore uni au peuple, la fondation de l'administration intérieure et civile; l'époque de Colbert, se rapporte aux Tuileries. On y voit partout la couleuvre des Colbert. Le roi habite encore au milieu du peuple.

« Mais le système ne pouvait se produire tout entier dans la vieille ville; il fallait une ville nouvelle, une ville exprès.

« La seconde époque, l'époque de l'action extérieure, de la victoire où le peuple n'est plus considéré que comme armée, l'organisation de la guerre, se rapporte à la construction de la galerie de Versailles et des Invalides.

« La troisième époque : abattement après le paroxysme de l'action, repentir, épuisement, mais résolution ferme et attitude encore magnifique, malgré... c'est la Chapelle !

« ... La splendide et mystérieuse circulation des eaux, qui montent, qui descendent par des canaux inconnus, ne se produisant que par belles gerbes, par jets immenses, exprime assez le jeu de cette monarchie. La richesse monte du peuple au roi, l'ordre et la force descendent du roi au peuple. Mais la machine est pénible, compliquée, coûteuse, d'autant plus étonnante qu'elle agit moins naturellement. Les eaux n'apparaissent point en canaux utiles à l'industrie, en irrigations fécondantes, mais en tours de force; une grande partie se perd et n'arrose guère que le sable.

« Plusieurs des groupes semblent des symboles. Exemple, celui du bassin de Latone, où la puissance des dieux impose silence aux vaines clameurs, aux coassements populaires. Plus bas, Neptune fait taire les vents, et triomphe au milieu de ses Tritons....

« Et la fin?... Elle est dans les petits appartements, où l'on voit le secret prie-Dieu de Louis XIV et la chambre de Mme de Maintenon, donnant sur une petite cour obscure, vrai refuge contre le jour, le bruit, contre la vie..., transition vers la mort.

« *Midi.* — Nous faisons d'abord une légère collation à l'hôtel de France, où je suis descendu en 1834 avec ma pauvre *Pauline*[1]. Le général Merlin, inspecteur de cavalerie, y demeurait, ce qui nous valut pendant le dîner un concert, et, le lendemain matin, la *diane* en grande musique.

« Je les ai encore dans l'oreille, ces airs doux et tristes qui me faisaient penser au long isolement du *soldat*, pendant tant d'années, pauvre et sans famille. Ceci s'applique au soldat national, français, allemand.... Le soldat anglais est plus heureux, il a sa famille avec lui. On peut dire, à

---

1. Sa première femme.

cette exception près, que chez la plupart des nations européennes, le célibat monastique est perpétuel sous un autre nom.

« Après le déjeuner, je la promène au grand air, comme le veut son docteur. Nous regardons long temps, du haut du gigantesque escalier, le bel ensemble du parterre; au loin, la pièce d'eau des Suisses, et, au delà encore, les collines boisées, aériennes, dans le dépouillement de l'hiver.... En remontant, nous passons devant le bassin de Latone. Tout me persuade que c'est Anne d'Autriche avec ses deux enfants. Les grenouilles sont même habillées des robes parlementaires de la Fronde....

« ... Le musée, où nous entrons, espérant nous y réchauffer, est froid et solitaire. Tout ce que peut l'argent et la volonté réunis, on l'a employé pour faire de cette création une œuvre de première valeur. Et pourtant c'est un échec. Il sera toujours difficile de faire une véritable histoire du pays en peintures.

« Je n'ai pu m'empêcher de le dire à la reine, aux princesses et à la reine des Belges, lorsqu'en 1837, le jour de l'inauguration du musée, je les ai conduites à travers les salles.

« Pour que chaque tableau soit réellement une page d'histoire, il faudrait la savoir à fond, et les artistes, surtout lorsque ce sont des œuvres de commande, faites à la hâte, n'ont pas le temps de l'étudier. De là, des représentations qui en donnent une idée fausse. Je ne contredis pas, en principe, à la chose, mais je voudrais : 1° une revision sévère de ce qu'on y a déjà mis; 2° plus de réserve pour l'avenir. Le trop grand nombre de toiles empêche qu'on ne voie les bonnes, en les noyant au milieu de médiocrités.

« Il ne faut pas vouloir tout admettre, l'essentiel et l'accessoire. L'ordre chronologique devrait être rigoureusement observé, si l'on tient à ce que ce musée soit un véritable cours d'histoire pour le peuple.

« Il est le produit du génie combiné de Mme de Genlis et de M. de Montalivet. Disons, pour être juste, que c'est *elle*, qui a eu la conception d'une histoire par images, et qui l'a faite accepter du roi, son élève.

« Ici, comme au musée du Louvre, je me suis bien gardé de lui donner l'éblouissement de toutes les salles à la fois. Nous nous sommes arrêtés devant quelques portraits; il y en a d'admirables.

« Tout en la dirigeant un peu, je suis bien aise de savoir ce qui attire spontanément son attention. D'abord, à l'étage supérieur de l'aile du nord, un ensemble de portraits de la famille des Ursins, tableau gothique, figures allongées, communes, timides, qui lui rappellent des visages de la cour d'Autriche.

« Puis, Isabelle d'Aragon, duchesse de Milan, souffrante, haineuse, rusée; on lit sur son visage la tyrannie de la famille, et le malheur de son mari. Elle semble étiolée par la captivité.

« Une chose me touche : c'est spontanément, qu'elle va vers les portraits d'homme ou de femme dont le destin a été tragique. Et cela, instinctivement, avant que je les lui nomme. Ainsi, *Charles le Téméraire*, très expressif, sombre, violent. C'est bien : « Nous autres Portugais.... »

« Ensuite, ce sont deux portraits d'Henriette d'Angleterre, le premier chauffé de lumière italienne, le second, le vrai, où on la voit déjà usée, fine, pâle, les yeux roux, un pâle et gracieux cadavre, tenant à la main deux roses.

« Comme elle est grave et visiblement émue, ma jeune amie!... Craignant qu'elle ne prenne froid, je veux abréger. Doucement elle me résiste : « Il est grand jour encore;... tous ces regards me fascinent. Ils semblent ou vous interroger, ou vouloir se raconter eux-mêmes. »

« Un peu plus loin, nous rencontrons une longue et pâle figure, d'une extrême finesse, tout entourée de linon blanc. Sans hésiter, elle la reconnaît, à sa ressemblance avec les Guise, ses oncles. Et aussitôt son bon cœur réclame : « Élisabeth a créé une légende d'attendrissement. Marie Stuart n'apparaît plus coupable, mais victime. »

« Je me garde bien de lui opposer les raisons d'État. J'aime mieux la voir parée de sa touchante émotion.

« Ce qu'elle eût voulu voir encore avant de quitter le musée, ce sont les portraits de Charles d'Orléans dont elle a lu, dans mon histoire, la fin tragique, et celui de son meurtrier, Jean sans Peur. Ne sachant s'ils sont ici, je lui promets de la conduire, dès demain, sur le théâtre de l'événement.

« Quel cours admirable il y aurait à lui faire, en la promenant à travers le vieux Paris ! »

LETTRE LV

Paris, 10 février 1849.

Vous m'avez demandé, ami, comme une grâce, de vous écrire ce soir avant de m'endormir, et de vous dire mes pensées. Vous savez bien qu'elles vous appartiennent. Je ne distingue plus ma vie de la vôtre. A chacun de mes mouvements, je me demande s'il est à moi, ou si je le tiens de vous. Rien ne m'est plus doux que de vous donner l'emploi de mon temps, à partir de l'heure où vous me quittez. Vous connaissez le cadre dans lequel je vis, ma petite chambre, où vous êtes rentré une fois avec notre bon docteur.

Sur ma cheminée, est votre portrait; sur ma table, sont vos livres dont je me nourris.

Si je m'assois devant ma fenêtre, je vois un grand

morceau de Paris, et dans le lointain, bien loin, le Panthéon, sous l'ombre duquel vous vivez.

Vos livres, votre portrait, c'est presque comme si vous étiez là encore; ma chambre est remplie de votre présence.

Je ne rêve pas, je me redis nos entretiens, je refais notre promenade de la journée, je reviens sur nos projets, nos espérances, et les instants que nous avons passés ensemble revivent une seconde fois.

Je ne me plains pas de mes insomnies, je m'y plais, au contraire, en faisant un si bon usage ! Comme l'avare, je reprends mes trésors : vos lettres, les pages de votre Journal écrites pour moi, ou les programmes de votre Cours que vous voulez bien me laisser.

J'aime aussi à regarder en moi, qui suis devenue toute autre, grâce à vous. Puis je songe à notre « nid ». En esprit, je l'organise, je le feutre, comme font les oiseaux, pour qu'il vous soit plus doux. Est-ce présomption ? je me dis aussi qu'une tendresse dévouée, fera autant que la nature pour votre « Renaissance ». Ce qui vous manque depuis le mariage de votre fille, c'est une maison bien gouvernée. Je vous la donnerai, je la ferai toute silencieuse pour votre travail, mais pour le jardin, je le remplirai de fleurs, de chants d'oiseaux.

Vous regrettez d'avoir toujours été sevré des joies saines et vivifiantes de la campagne; vous croirez les goûter dans notre petit Éden.... Vous verrez la bienvenue que nous vous donnerons tous, mes fleurs et nos bêtes, à votre retour des archives.

Que ne ferai-je pas ?...

Ce que seulement je demande à Dieu, pour compléter votre bonheur, c'est que la France se relève. Vous avez raison de dire qu'un bon Français ne peut être heureux quand son pays souffre. Mais à ce légitime souci, n'ajoutez pas, je vous en prie, celui de notre avenir personnel. Si les épreuves nous frappent, elles me fourniront l'occasion de me dévouer davantage, voilà tout. D'ailleurs, j'ai en moi un talisman, pour conjurer la mauvaise fortune. Je suis quelque peu fée, comme au bon vieux temps, et, de rien, je sais faire des merveilles.

Notre luxe, j'en tiens le secret, fera envie aux riches, et vous-même, ami, vous aurez les plus agréables surprises.

Ma lampe s'éteint, il est près de minuit.

Bonsoir, et bon sommeil.

A. MIALARET.

11 février, dimanche. — Elle tient, en effet, la réalisation de son rêve : la petite *maison du berger*, tout près du parc de Neuilly, aujourd'hui silencieux, solitaire, fermé, mais qui s'ouvrira pour elle.

Le 3, qui est le jour où nous avons été mis en possession, en entrant, tout à coup elle s'est arrêtée, et sérieuse, ô bien sérieuse, elle m'a dit : « Maintenant qu'elle est trouvée, quelle y sera notre vie ? » Je lui ai répondu : « Très solitaire pour en assurer l'originalité, échapper à la vulgarité du temps. La solitude, avec quelques amis de premier choix, comme nous très occupés. Point d'oisifs; ils porteront ailleurs leur désœuvrement. »

Là-dessus, je lui fais tout un plan qui la ravit.

Pendant qu'elle examine et qu'elle combine, je m'attriste, intérieurement, de n'avoir pu lui donner mieux. Tous ces pavillons de la banlieue de Paris, construits pour les fortunes modestes, se ressemblent : au fond du jardin, quelques arbres simulant un petit bois. Autour de la maison, une plate-bande, plus ou moins large, destinée à lui faire une ceinture de fleurs. Le logis en lui-même, fort prosaïque dans sa nudité.

Heureusement que sa vision est tout autre. Elle tire d'avance partie des plantes grimpantes, où nicheront les oiseaux pour l'envelopper de poésie Dans le jardin, de côté, — c'est le seul accident pittoresque, — il y a un vieux puits.

Elle compte sur sa margelle en ruine pour en faire une merveille. L'organisation intérieure aussi l'occupe, et l'on voit tout de suite que rien ne ui est étranger. Elle va, sans efforts, des abstractions les plus hautes, aux pratiques les plus modestes, les plus humbles, mais qui sont la vie même.

C'est la *Perdita* de Shakespeare, adorablement gracieuse dans les soins qu'elle prend du positif de la maison [1].

1. Tiré du Journal.

LETTRE LVI

Mercredi. 14 février 1749.

Je voulais, ce matin, commencer, sans toi, mon travail[1]; mais je ne l'aurais jamais pu, ô cher tyran de ma pensée!

C'est par toi, en toi, qu'il faut que je commence. Ta tyrannie innocente est tout à fait involontaire. Elle ne contraint pas; mais, c'est plus, c'est une condition d'existence hors laquelle je ne suis point. C'est la tyrannie de la terre pour la plante, qui, sans elle, n'aurait où enfoncer sa racine.

La tyrannie de la lumière qui lui donne un doux rayon, sans lequel elle mourrait.

Tyrannie ! Non, disons mieux : le doux empire de la nature.

Tu es maintenant *ma nature*, et en toi je vis; tu es davantage encore, une nature supérieure en plusieurs points, lumineuse, entière et jeune, où la mienne regarde du sentier inférieur et rude, de la production où je marche.

C'est dans ce rude sentier que j'ai terminé le travail ingrat de ce troisième volume, suivi l'âpre sillon de 92, refait Brissot et Robespierre, scié des rocs, fendu des chênes, et, si je n'ai point défailli, c'est que je regardais en haut, toujours vers toi, vers le monde de l'amour et de l'idée, vers la science que toi seule m'as

---

1. C'était le lendemain, sa troisième leçon : *L'amour poursuivi à travers la haine*. Mme J. M.

apprise, la philosophie du cœur, vers les grandes sources qu'elle ouvre, où je voudrais de nos mains abreuver les nations.

Que de choses j'ai sues par toi, depuis le 20 janvier surtout, depuis le jour où j'ai pu me livrer à ma pensée.

J'en donne, demain jeudi, le peu que l'auditoire du Collège de France peut en comprendre, en supporter.... Le reste (spécialement le point essentiel, *qu'en ce monde*, la *distinction* ne procède point de haine, mais d'*amour* encore), le reste viendra plus tard : la veille peut-être de cette union tant désirée. S'il en est ainsi, elle aura reçu la consécration la plus forte qu'une haute pensée d'amour pur ait donnée jamais aux unions d'ici-bas.

Cette leçon de demain, c'est l'*amour* poursuivi *à travers les haines du monde*, poursuivi, et non atteint, races, cités, philosophies, je traverse tout, poursuivant l'amour. J'arrive à son sanctuaire, l'union de deux cœurs, liés d'une tendresse commune, et, là encore, je rencontre des obstacles.

Cette leçon, c'est le monde même, dans sa vie et son long combat. Elle aboutit à moi-même, à mon présent, à mon avenir *qui est toi*, aux chances de notre bonheur, à la lutte de nos caractères, à l'espoir de douce harmonie que je trouve et dans ton bon cœur, et dans nos rapports d'esprit, dans notre coopération à nos pensées communes, dans le violent désir que j'ai *d'opérer* (par tout sacrifice de personnalité, toute abnégation du moi) la *transmutation* de deux existences, ce mystère dont parle Dante, cette *trans-humanation* qui ne s'est point vue encore en ce monde, mais j'ai l'espoir héroïque qu'elle doit commencer par nous[1].

J. M.

LETTRE LVII[2]

Jeudi, 15 février 1849.

J'ai passé une nuit excessivement agitée et sans sommeil, uniquement occupé de l'attente de te voir.

J'ai relu toutes tes lettres. Douloureuses d'abord, puis confiantes dans une charmante réserve, pleines d'un attrait puissant, exprimant si bien le premier repos du cœur après l'orage et le premier bleu au ciel; tendres enfin, courageuses, naïvement passionnées.

Et plus je sentais le prix du trésor inestimable qui se donne à moi, plus je sentais l'immensité de mon bonheur, plus aussi mon cœur était agité, mon âme orageuse, et ma pensée trouble. Je me trouvais tellement faible à cet endroit, et, si j'ose dire, par l'excès de la sensibilité, *endolori sans douleur* positive, que le contact le plus doux pouvait m'être une blessure.

J'étais inquiet, effrayé (non de toi, grand Dieu! Je connais bien ta tendresse, je m'y fie aveuglément). J'étais inquiet de moi, je savais bien qu'à ton insu, en

[1]. Poursuivie, cette *transmutation* commença — j'éprouve le besoin de le dire encore — dès que nous fûmes laissés à nous-mêmes, loin de Paris, que nous quittâmes après la perte des archives, seuls, bien seuls, dans une véritable solitude, en Bretagne, à la porte de la Vendée, du désert de la *Haute-Forêt*. Là, *il* acheva les deux derniers volumes de la Révolution, et moi, tout en conduisant mon ménage, déjà je rêvais de l'*Oiseau*.

[2]. Lettre un peu jalouse, orgueilleuse, après la troisième leçon. J. M.

supposant de ta part les soins les plus compatissants pour mon cœur.... je recevrais cent blessures. De qui? Hélas! de moi-même.

Ah! je me suis trop blessé!!

J'ai trop violemment, avec un plaisir sauvage, tourné et retourné en moi, le trait dont j'étais percé. J'ai perdu tout ce que j'avais qui pût résister; je me sens faible à mourir.

Les ténèbres de la nuit, dans lesquelles on ne peut pas plus fixer son regard que dans celles de l'avenir, semblaient ajouter à cette faiblesse, je me sentais flottant, vague, comme au hasard d'une mer.

Je m'étais couché un peu malade, triste, de n'avoir pu aller te voir, dans la soirée (plusieurs personnes me vinrent), triste, envieux peut-être de te voir, en esprit, essayer la blanche couronne devant des yeux étrangers[1]. Et puis, je me reprochais cette tristesse, je me disais : « Homme inconséquent! tu as eu aujourd'hui le bonheur si rare, tant désiré de toi, de voir ta chère jeune fleur refleurir, s'épanouir, briller d'un moment de joie, et de quelle joie? De celle qui venait de ton succès. Sois donc heureux. Remercie Dieu! Qu'elles reviennent souvent ces heures de gaieté innocente, et sa santé reviendra...

« Que souhaites-tu plus ardemment en ce monde? Ce soir même, ne vois-tu pas qu'elle n'accepte cette invitation que pour continuer la joie de ce jour, pour parler de toi, pour s'occuper, entre femmes, du charmant détail des apprêts de ton bonheur?... Si elle est bien reçue et admirée! quel mal à cela? Elle le mé-

---

1. Ses amis, créoles de Saint-Domingue; son amie lui offrait la couronne. J. M.

rite trop bien. Il faut en prendre ton parti.... Tu as toi en elle, qu'importe ? »

Tout ce discours est raisonnable, je n'y trouve nulle objection. La lumière et la raison me viennent ce matin peu à peu. L'orgueil me revient aussi. Je suis et je serai *moi*. Le plus digne surtout à un titre, celui d'aimer davantage. Et le plus digne peut-être, comme vigueur d'invention et renouvellement d'esprit. A ce moment d'énervation universelle, où je vois tout le premier rang des grands producteurs défaillir, et s'affaisser sur lui-même, quel est celui qui vit encore?

A qui revient la première place ?

Quand la chaire s'est tue, qui parle ? et quand la presse s'arrête, qui écrit ? et qui imprime ?

Dans cette mort générale, vivre seul, c'est être le plus jeune et le plus fort.

Que parlai-je donc de faiblesse ?

Et où donc sera la force, si moi-même je suis faible ?

Je puis dire à ce jeune cœur :

« Prends-moi, aime-moi, garde-moi, non parce que je suis le premier — mais je suis *le seul*. Ne vois-tu pas que le monde s'est tout couvert de ténèbres, qu'on ne rencontre que des faces pâles, des yeux éteints, des cœurs amoindris ?

« La force et la vie recommenceront pour le monde, elles renaîtront d'un homme, d'un cœur qui se sera gardé, qui restera harmonisé et fécond. — Pardonne-moi cet excès d'orgueil..., j'en ai besoin dans l'état présent de mon cœur, j'ai besoin de me mettre haut, — au plus haut, — sinon, je tombe.

« Eh bien, si ce cœur fécond, puissant, était le mien, s'il devait être la source où remontera, du fond de l'abîme, l'abondance des eaux vives ? — S'il devait être le foyer où, toutes choses étant glacées, restera toujours l'étincelle.... Songe au monde, et songe à moi. Enveloppe-moi de toi-même, protège-moi de ton amour pour que je ravive les autres. Tu tiens dans ta main, enfant, mon cœur et ma vie, et moi sans réserve ; bien d'autres aussi en moi. Mêle ta jeune vie à ce grand esprit du monde, dont je suis en ce moment le dernier organe peut-être. Que de millions d'hommes vivront ou mourront de toi. »

J. M.

LETTRE LVIII

Dimanche, 18 février 1849.

Tu ne sais pas encore toi-même tout ce que tu es pour moi, quelles épreuves diverses et profondes je trouve en toi, en mon amour.... Par mille hasards, mille voies singulières, quelque idée que je veuille creuser, tu t'en trouves toujours le fond. Je te comparai l'autre jour au sombre et délicieux breuvage que prépare la jeune fille dans une tasse pour y lire sa destinée ; breuvage parfois amer, mais qui donne, en revanche, de prophétiques lumières et tous les ravissements de l'esprit.

La jeune fille ne peut se lire, se connaître en elle-même ; elle se lit, se voit, se devine et se prédit, dans la liqueur mystérieuse. — Je suis comme la jeune fille ; en moi, je me vois à peine en toi ; je me vois, me pénètre dans mes profondeurs et de part en part, ô philtre puissant d'amour !

Comme le dernier homme, je suis resté seul sur ce monde en débris. Me voici maintenant embarqué avec toi sur le vaisseau de l'*amitié* dont parle Dante.

Si tu veux que je le conduise, que j'aie les yeux au ciel, que je cherche notre Atlantide, aide-moi à rendre la voie facile. Pour ralentir, arrêter un vaisseau, il ne faut pas des rocs; il suffit, dans certains parages, des algues, des varechs, des herbes inutiles, qui, toutes molles et faibles qu'elles sont, n'en font pas moins obstacle. Si tu m'aides à les écarter, nous irons bien ensemble. Je sens le vaisseau ferme et fier sous mes pieds, indestructible ; — je ne crains plus d'écueil.

J'ai commencé d'écrire ceci dans un violent transport de passion qui m'arrachait des larmes. Peut-être avait-il été encore animé par le retard. Jusqu'ici, je n'ai pu t'écrire. Je suis rentré le cœur plein, comble, débordant et sans pouvoir le verser.

Sois douce, indulgente, et pardonne, si tu souffres à ton tour, de l'excès de mon tourment [1].

J. M.

---

1. Douze ans après notre mariage, relisant ces trois lettres si belles dans leur « âpreté douloureuse, » il voulut les détruire, craignant que, là-dessus, le monde ne me jugeât sévèrement. Je l'en empêchai : « Votre propre cœur les a désavouées au moment même où vous les écriviez, cela me suffît dans l'avenir. »

On lit dans son journal, à la date du 18 et du 19 : « Dans cette semaine, mes événements ont été les lettres passionnées, inquiètes, parfois injustes, dont je l'ai tourmentée. Elle les a supportées avec beaucoup de patience et de raison. Dans une lettre charmante, elle me gronde de mes « nuages », de mes « ombres », de mes « inquiétudes vagues ». Lettre tendre, puissante, éloquente, où elle m'adjure d'être moins sensible aux *piqûres*, de

LECTURE LIX

LA PRINCESSE CANTACUZÈNE A M. MICHELET

Vienne, 19 février 1849.

Je ne sais comment vous exprimer mon bonheur et ma reconnaissance de la bonne nouvelle que vous me donnez de votre prochain mariage avec ma chère, ma bonne Athénaïs. Je m'en réjouis et m'en glorifie, comme je le ferais pour ma fille, car elle m'a toujours donné la confiance d'une fille à sa mère.

Tout ce que vous me dites d'elle, de sa force morale, de son esprit élevé, de son amour du bien, j'en ai l'expérience, et de bien d'autres qualités encore. Les épreuves que j'ai traversées devant elle, m'ont fourni maintes occasions de connaître aussi son cœur; il contient des trésors de dévouement. En tout, elle est digne de vous, monsieur, et capable de vous assurer un bonheur que tous vous envieront.

Maintenant, laissez-moi vous demander une faveur

moins écouter les *avertissements* que je reçois pour un avenir inconnu, lointain : dans « dix ans ! »...

Elle veut que nous soyons toujours l'un à l'autre un livre ouvert où nous lirons, sans le secours d'autrui, notre destinée. « Enfin, elle me demande « si, dans de telles fluctuations de ma part, il ne serait pas plus sage de différer encore, et de nous en tenir au seul mariage de l'esprit. Elle s'arrangerait pour me donner, à distance, tous les secours dont elle serait capable. « Si la sécurité vous revient, ami, nous aurons d'autant mieux assuré notre bonheur, que nous l'aurons plus longuement préparé. »

Jamais je n'ai mieux senti que dans cette lettre son élévation naturelle et la bonté de son cœur....

à laquelle j'attache un grand prix. Mon amitié pour elle étant indissoluble, permettez-moi de vous donner également le nom d'ami. Oui, désormais, vous êtes et serez de bons, de vrais amis pour moi.

Je suis si heureuse de votre mutuel bonheur, que depuis hier soir où j'ai reçu votre lettre, je ne fais qu'en parler avec tous les membres de ma famille. Mon cœur forme pour votre félicité les vœux les plus ardents. Cette âme forte, cet esprit apte à recevoir toute la culture dont l'homme est susceptible, fructifieront sous vos auspices. Son âme grandissant par la vôtre, son esprit s'éclairant par vos lumières, je m'attends à lui voir parcourir une carrière douce et glorieuse.

Je vous prie, monsieur, de lui rappeler dans son bonheur, si cela était nécessaire, qu'elle aura toujours en moi l'amie la plus fidèle, loin, bien loin, il est vrai, mais la distance ne pourra rien pour affaiblir mes sentiments. Elle connaît mes tristes circonstances, qu'elle m'écrive et m'encourage.

En finissant, soyez béni, monsieur, de l'amour que vous lui portez. Aimez-la toujours, entourez-la de soins. Je ne vois d'autre ombre à votre bonheur que sa frêle santé. Elle vous rendra avec usure le bien que vous lui ferez.

Votre amie,

A. CANTACUZÈNE.

Athénaïs vous aura dit que je caressais l'espoir d'un voyage à Paris. Aujourd'hui, il n'est plus possible.

Le prince mourut quelques semaines après.

LETTRE LX[1]

Mercredi, 21 février 1849, 7 heures du matin.

Après un jour passé devant témoins, sans pouvoir parler de nous-mêmes, après une nuit fort pénible, puis une lettre aux miens d'explications pénibles aussi, où j'osais à peine appuyer tant je me sentais vulnérable..., j'en viens à ma *leçon de demain*, pour laquelle il faudrait un cœur entier, libre, pur, digne de Celui dont il s'agit, digne du sujet :

L'amour de Dieu.

Doux sujet, consolant.

Mais de quoi as-tu donc besoin d'être consolé ?

Est-ce que tu n'es pas heureux, et à la veille d'être plus heureux encore ?

Tu aimes, tu es aimé; tu l'es d'une personne accomplie, qui a pris dans sa main, la plus loyale et la plus sûre, le dépôt de ton cœur.

Vis donc, aime, sois heureux ; ne vois-tu pas l'aurore et bientôt le printemps, ne sens-tu pas, à cette heure, le froid vivifiant du matin ?....

Mais toujours quelque crainte, accompagne l'amour.

Je le lui ai dit et c'est vrai : « *Je ne crains que moi-même*, ma violente imagination, la sensibilité maladive qui s'est créée en moi.... »

Rousseau et Bernardin de Saint-Pierre y ont trouvé

1. Lettre sous forme de prière, dans les préludes du cours.

mille morts, quoique ni l'un ni l'autre n'ait eu ma grande épreuve....

Que Dieu me soutienne contre moi-même! Qu'il me donne de la rendre heureuse, elle qui en est si digne! Elle, déjà souffrante, qui a cru trouver appui en moi; elle, pour qui je donnerais ma vie si volontiers.

Soutenez-moi, cause inconnue du monde, amour caché, visible, qui vous révélez en toute chose, ou plutôt qui, partout, brillez derrière un voile.... Vous m'avez fait la grâce de ne jamais douter de vous, et une autre grâce encore : l'amour d'ici-bas m'a toujours paru une forme de l'amour éternel, un degré pour monter à vous.

Aujourd'hui-même, ce jeune être si parfait, qui se joint à moi et m'apparaît dans le désert, apportant le pain et le vin de la vie nouvelle, n'est-ce pas vous encore, le ravissant sourire de votre compassion pour moi?

Mais, tel je suis, troublé de mes faiblesses d'artiste, de mes recherches ardentes, n'ayant pas le cœur assez pur pour bien prendre les dons de Dieu.

Il faudrait une âme plus innocente et plus sereine; la flamme du ciel lui donnerait la joie, mais pour moi, elle me brûle.

Puissent ces forces s'harmoniser en moi, puissent-elles servir au monde, puissent-elles m'honorer devant *Celui* de qui je les tiens! Et devant *Celle* aussi par qui il me les donne, et que j'envisage elle-même comme un charmant aspect de Dieu, un mystérieux profil de celui que personne ne voit en face, sans mourir. Il se montre, par elle, à moi, avec un demi-jour, un doux ménagement....

Regarde, cœur malade, regarde, calme-toi et guéris.

J. M.

22, *Jeudi*. — Sa mère arrivant demain, nous allons, après ma leçon, faire au musée du Louvre une courte visite d'amitié, de reconnaissance, pour l'asile qu'il nous a tant de fois donné dans cet hiver où nous errions sans autre abri que le ciel.

De là, cheminant par les Champs-Élysées, nous avons gagné le Bois de Boulogne qui a partagé avec le parc de Neuilly nos promenades, les jours où le beau temps nous favorisait.

Là, je lui ai communiqué les épreuves de mon Histoire de la révolution, toujours frappé de la sûreté de ses jugements;

Là, depuis le 3 janvier, je l'ai entretenue de mon cours en préparation — avec profit pour moi. Ainsi, hier, je lui ai lu ma leçon d'aujourd'hui, que je venais de refaire; elle a préféré, avec raison, la forme de dimanche plus forte et plus originale.

Lorsque nous sommes arrivés au bois, entre quatre et cinq, il était déjà plein de mélancolie.,... Elle répondait à la nôtre.... Les voilà finis, ces trois mois de profonde solitude, où j'ai tenu ma chère malade sous ma garde, heureuse et toute confiante en moi. Une vie plus complète se prépare, plus harmonisée, le mélange de deux vies, l'association des études et des pensées, la *jeune dame* prenant plaisir à arranger sa maison. N'importe, cette vie de promenades fortuites, de rêves, aura toujours un souvenir.

J'y retrouve, en le traversant, ma brûlante aspiration, me sentant à la fois si près d'elle et si loin !

C'est aussi l'attendrissement de nos premières promenades où, dans ta faiblesse, tu avais tant de peine à régler ton pas sur le mien. Je te contemplais, assise pour prendre quelques instants de repos, ta chaude pâleur rappelant le Christ d'Emmaüs de Rembrandt, et d'autres images encore.

Tu es fille du Rhin par ton arrière-grand-père et tu as descendu le beau fleuve pour revenir d'Allemagne. As-tu vu en passant la vierge de Cologne, la sainte Ursule de Bruges?... C'est toi, c'est ton visage; mais cette vierge bénie, qu'elle est loin d'avoir le don miraculeux que tu as sur ton visage, dans ton sourire et ton regard !

Ce don est celui d'une bonté attendrissante, et, dans ta réserve, un mystère de tendresse qui fait pleurer lorsqu'on te regarde. Ces jours, où je soutiens difficilement ton regard, sont ceux où tu n'as nulle conscience de son action. Ce n'est pas la flamme de la passion qui trouble ou qui brûle. Rien de plus chaste.

Par le miracle que Dieu a mis en toi, et qui à

chaque instant rayonne, il a voulu montrer que tout ce qu'il y a de bonté en ce monde, peut apparaître en une femme[1].

LETTRE LXI

25 février.

Quoiqu'en tiers, amie, ce jour a eu un charme tout particulier. Le temps était admirable, pur et léger comme en avril. Ce vaste et beau parc de Neuilly où nous allions parmi les bois, les cultures, les fabriques ruinées; cette résidence royale, gardant sur ses murailles les traces de la foudre qui l'a frappée, faisait grand contraste avec cette nature tranquille, ce ciel bleu nacré, qui avaient l'air de ne rien savoir des événements politiques dont ils ont été les témoins.

Ceci, c'est ton monde.... Faible encore et pâle d'un reste d'hiver, je devinais ta gaieté intérieure, au timbre de ta voix; gaieté d'oiseau, son élan, — et comme envolée toi-même par le printemps.

Ces heures me reviennent dans une douceur infinie. Ah! qu'il faut souvent peu à l'âme pour lui donner le bonheur.

Au retour, la visite à la petite maison éclairée du soleil couchant, tout à fait hospitalière, qui nous invitait à entrer, et, au départ, semblait nous dire: « Pourquoi ne resteriez-vous pas? » Je garde, dans l'oreille,

1. Tiré du journal.

ton joli cri de surprise et d'admiration en voyant, près de la porte, *nos corbeilles d'or* déjà tout en fleurs. On ne voyait pas les violettes, mais elles se trahissaient par la suavité de leur parfum.

Pendant que tu errais dans le jardin, la maison, avec le charme et la gravité de l'épouse qui songe à tout d'avance, j'avais un plaisir extrême à causer avec ta mère de tes premières années où je n'avais pas le bonheur de te connaître; à l'interroger sur les qualités précoces qui font toujours mon étonnement. Elle m'a appris qu'à treize ans, avant même d'avoir fait ta première communion, tu étais déjà capable de la suppléer dans tous les soins du ménage; que les idées d'ordre, d'économie, étaient nées en toi d'elles-mêmes. Voilà, chère enfant, qui est plus précieux que la fortune. Celle-ci sert peu, en effet, si l'on ne sait en user avec intelligence. Rien n'est indifférent ou inférieur pour une sage maîtresse de maison; tout est à surveiller — sans tyrannie — mais avec assiduité. La jeune femme qui le fait avec le plus de grâce, d'aisance, comme chose naturelle, est celle qui en a déjà eu la pratique étant jeune fille. Les serviteurs obéissent bien mieux à qui sait commander avec raison, avec à propos, et surtout à la jeune dame qui, au besoin, pourrait se passer d'eux, et se servir elle-même.

Ce qui m'a touché à une profondeur que je ne saurais dire, c'est ce que j'ai appris encore, que ton bon cœur, ta tendresse pour ton père, ton inquiétude de sa santé[1] expliquent, pour une grande part, la rapidité avec laquelle s'est faite ton éducation domestique. Il

---

1. Voir les *Mémoires d'une enfant.* Flammarion, éditeur.

J. M.

paraît qu'à huit ans à peine, ton père se remettait pour tout à toi, et qu'il voulait, que son repas du soir, qui n'était pas celui de la famille, fût préparé par tes mains.

Comment ne pas t'adorer, te *vénérer*, pour tous ces dons du ciel!....

Ah! une telle femme, réunissant tout!

J. M.

LETTRE LXII

Mardi, 27 février 1849.

Que te rendrai-je, amie, pour l'*Initiation* que je trouve en toi!

Je sens combien la femme est la porte du monde éternel!

Mais la *femme*, où la trouve-t-on?...

Jusqu'à toi, j'en ai rencontré avec telle qualité partielle, la beauté, la force ou l'esprit..., jamais la femme tout entière.

Elle m'est arrivée enfin, et dans *toute* sa puissance *d'initiation*. Jamais celle-ci ne fut plus rapide, plus violente, plus noble et plus glorieuse dans les résultats.

La *première lueur me vint de l'Orient*, du solitaire jardin de Prague où la jeune exilée me lisait, croyait ressentir en moi la Patrie, et me regardait de loin, comme si j'étais la France.

Et le premier bruit que j'entendis du tombeau, ce

ne fut pas celui de l'hirondelle[1], ce fut un battement de cœur, d'un cœur de jeune fille, qui était un appel, à moi inconnu. Elle me disait dans sa détresse :

« Soyez le père aimé que j'ai perdu. »

Ah ! ce n'est pas impunément qu'on entend une telle chose.... Je sentais bien que si j'approchais de ce cœur, le mien revivrait. Et je m'étais tellement arrangé dans la mort, que je ne savais si je devais craindre ou désirer cette grande aventure, de vivre et d'aimer si tard !

Et pourtant, il m'eût été très doux de m'entretenir avec toi dans ces journées où, tous les miens absents, j'étais seul, trop seul avec mes pensées. Je me souviens particulièrement d'un dimanche où mon troisième volume, qui m'a tant coûté à écrire, étant achevé, je me trouvai comme séparé de moi-même, inactif, ce qui m'arrive si rarement.

Un secours, à ce moment, nous était à tous deux, nécessaire, indispensable.

Je le cherchai dans le travail, ce secours ; j'essayai de tirer de moi un livre populaire. Mais la contraction du cœur était trop forte, je ne pus.

Je retournai, humilié, triste et sombre, au travail impersonnel de mes récits historiques. Cependant les touches vives de mes femmes, Mme Roland et Mme Condorcet, indiquaient assez que, s'il me venait un remède, ce serait par la femme, l'amour.

Nous avions touché le fond, descendu la vie jusqu'à l'abîme, nous ne pouvions que remonter.

J. M.

1. Voir dans les *Origines du droit*, format in-8, page LXIV : *Légende du tombeau.*

LETTRE LXIII

28 février 1849.

La suppression de nos tête à tête depuis l'arrivée de ta mère, qui est à coup sûr, entre nous, le tiers le plus bienveillant, mais enfin un tiers ; cette halte, cette trêve à nos épanchements, a cet effet de nous faire sentir combien l'amour est fort en nous, le même, dans la vie la plus réservée, la plus calme en apparence, la plus sobre des signes d'amour.

Ce moment est bien choisi pour revenir sur nous-mêmes, et revoir dans nos propres lettres, les trois phases que notre sentiment a déjà parcourues : La première, âpre et douloureuse, où la douleur nous maria ; la seconde, lorsque, obligé de suivre un travail qui m'éloignait de toi, je m'y rejetais par mes lettres, avec une fureur passionnée ; la troisième, qui durera toujours, je l'espère, la communication harmonique du cœur et des plus hautes pensées, avec un attendrissement mutuel que nous n'avions jamais eu dans la seconde période.

En ce qui me regarde, il y a dans cette correspondance, dans son ensemble et son progrès, une chose digne d'inspirer le respect, et qui me l'inspire à moi-même, quand je la relis. C'est son caractère progressif de grandeur. Le torrent y devient fleuve, et le fleuve est une mer ; vrai fleuve du paradis, qui, contre la nature des eaux d'ici-bas, par une gravitation nouvelle, au lieu de descendre va toujours en haut.

Au moment où, libre de tout obstacle extérieur, je suis à toi sans partage, tout naturellement je suis infini, on le sent, et dans ces lettres, et dans les pages qui les complètent. J'entre avec toi et par toi dans l'amour immense. Que je regarde en tes yeux limpides, leur charmant miroir magique me montre, en un point, moi-même, la nature et Dieu.

Et là, je ne dis plus : *amie*, mais je dis : *amour*. O amour, que te rendrai-je ?... Je ne peux plus rien te rendre, je ne te rendrais que toi ; en moi, il n'est plus autre chose.

Grande initiation, profonde, rapide, qui ne se peut que par la femme, et que nulle femme n'eût donnée.

Que l'avenir les voie, ces pages naïves, avec les faiblesses, les tendresses un peu molles souvent, qu'on y trouve ! Elles ne craignent pas les regards. Il y a l'infiniment petit — c'est le propre de l'amour — un cheveu, pour lui, vaut autant qu'un monde, et il n'y a rien de petit pour ses inquiétudes, en ce qui touche la vie de l'objet aimé. Non, il y a ici partout, et planant sur tout, le sentiment de l'infini, une aspiration d'amour éternel.

J. M.

LETTRE LXIV

28 février, soir.

Ami, je vous écris au coin de mon feu, pendant que, sur votre montagne, vous préparez pour demain votre leçon. Il faut vous attendre à de nouvelles attaques.

En dénaturant vos paroles, ils cherchent à vous irriter; ils veulent vous attirer sur le terrain de la haine, et vous amoindrir. Résistez-leur, restez un homme de paix.

Je sais bien que l'ironie, le dédain, seraient une réponse fière et fort à propos ; mais ce ne sont pas là vos armes ordinaires, vous en avez de meilleures et de plus sûres ; vous les trouvez dans votre cœur magnanime, qui vous fait aimer même vos ennemis.

Quand vous rentrez ainsi en vous-même, dans la vérité de votre nature, vous dépassez toute grandeur humaine.

Je vous admire profondément, et vous vénère, lorsque, sans regarder qui vous suit ou vous résiste, vous les emportez tous, d'un vigoureux coup d'aile, au delà des misères de ce monde, sous le regard de Dieu, réconciliant devant lui les âmes et les peuples.

Un jour viendra où cette jeunesse enthousiaste qui se serre autour de votre chaire entrera à son tour dans la voie des épreuves, des combats, des persécutions peut-être, qui sait, des défaillances. Eh bien, ce qu'elle trouvera de meilleur en elle alors, ce sera *vous*, votre parole, votre exemple. Bien plus, dans son propre cœur, elle retrouvera le cœur vaillant qui toujours préféra la persécution à l'oubli du devoir.

Jamais je ne fus plus à vous.

A. MIALARET.

MARS
1849

L'UNION

MARS
1849

L'UNION

Vendredi, 2 mars[1]. — Le mois de février qui vient de finir a été pour moi, en divers sens, en bien, en mal, plus que décembre et janvier, grand, poétique, à la fois d'un sombre et lumineux bonheur, uniquement celui du plus haut spiritualisme. Dans les sphères supérieures où il m'a transporté, c'est là surtout que je l'ai rencontrée.

Elle est tellement née pour les choses les plus hautes, les théories les plus abstraites, elles exercent sur son esprit chercheur un si puissant attrait, qu'elles l'enlèvent plus que ne le ferait l'éloquence de la passion. Ce que j'ai dit de Mme de Condorcet, « une religieuse de la passion », est plus vrai pour elle, peut-être.

---

1. A l'exception de la lettre du 5, la seule que j'ai reçue, tout est tiré de son journal.

Avant moi, je crois qu'elle devait être étrangère à ce monde, trouvant son bonheur à planer au-dessus. Mon chagrin, c'est de l'y ramener pour qu'elle en souffre, soit par l'orage domestique qu'il me faut subir chaque jour, et dont elle reçoit forcément le contre-coup; soit par mon propre orage, par les agitations, le tourment que j'éprouve de sentir, même à la veille de notre union, que mon amour pour elle restera désormais, je le crains, sans adoucissement.

Non, chère amie, chère enfant, je ne crois pas que rien apaise jamais l'inextinguible soif que j'ai de toi.

Quoi que tu puisses me donner, je sens que je garderai pour la conquête de ton charmant esprit orageux, inquiet, emporté au delà, et pour la pénétration de ton âme, de son mystère, un inépuisable désir.

Tu en souffriras…. D'avance, accepte mon excuse. C'est, hélas! que j'ai en moi, deux choses qui consument la vie : âpreté et tendresse. Brûler et fondre…. Comment n'en mourrais-je pas?

Samedi, 3. — De notre contrat de mariage, elle ne veut rien savoir, trouvant contre nature de s'occuper des éventualités de la séparation, avant même de s'être *unis* : « S'il s'agit d'assurer les intérêts de vos enfants, c'est autre chose; donnez-leur dans le présent et l'avenir tout ce qu'ils désirent, et même au delà.... » C'est tout ce dont elle veut entendre parler, mais de rien autre en dehors de cela, malgré mon insistance.

Pendant la longue séance que j'ai dû faire avec mon gendre chez le notaire, elle est allée, accompagnée de sa mère, faire entrer un peu d'air et de lumière dans la petite maison, qui, dans quelques jours, abritera notre vie de travail et de recueillement. « Bonheur austère », lui disais-je hier. « J'y compte bien, a-t-elle répliqué vivement; il n'en faut pas vouloir d'autre; nous y perdrions trop. »

Comment ne pas l'adorer!

D'elle-même, elle a repris l'idée de ne point habiter à Paris, mais de préférence à l'extrémité de l'un de ses faubourgs, ce qui la replacerait, en partie, dans le milieu où elle a vécu ses premières années, c'est-à-dire dans le calme de la campagne. Si elle ne retrouve pas ici ce qui la soutenait dans sa triste et rêveuse enfance, l'infini des horizons du ciel, elle aura sous ses yeux, assise à sa fenêtre, la vue d'un océan de verdure, et tout près, dans son jardin, les ombrages de son petit bois, les fleurs qu'elle cultivera elle-même, le chant des oiseaux, ceux-ci mêlés à quelques-uns des animaux domestiques qui peuplaient la maison de son père.

Ce sera sa société habituelle, pendant mes absences quotidiennes[1].

En me racontant tout le bien que lui ont fait dans le passé ces innocents tête-à-tête avec la Nature, elle m'a exprimé à différentes reprises son étonnement de ne pas me voir la mêler davantage à mes études personnelles : « Vous en tireriez une grande puissance. En tout cas, puisque nous venons d'elle et que nous lui retournons, il est inadmissible que nous la tenions à l'écart de nos pensées et de notre vie. »

Cette réflexion si sage, la première fois qu'elle me la fit, me réveilla comme en sursaut. Je me rappelai l'idée qui m'était venue à la suite de mes conversations avec MM. Serres et Geoffroy Saint-Hilaire : que la science de l'homme ne peut marcher sur un terrain ferme, sans l'aide des sciences de la nature. Dans une nuit d'insomnie je ruminai la chose en moi, et le matin je me levai un tout autre homme, plein d'élans, riche, pour mon cours même, d'idées neuves et fécondes.

Que de fois, déjà, grâce à elle, du fond de l'hiver, j'ai repris l'essor vers ma saison nouvelle. Enfant, toi en qui je retrouve ma force, puisses-tu la reprendre bientôt de moi, et te relever peu à peu.

1. M. Michelet partait tous les matins à dix heures pour son bureau des Archives et n'en revenait qu'entre cinq et six dans l'après-midi. Mme J. M.

LETTRE LXV

Lundi, 5 mars 1849, 7 heures du matin.

Ce matin, amie (un beau matin, rose à travers le brouillard), l'âme tout émue de toi, d'avenir et d'espérance, plein d'élan, d'ardeur d'esprit, quoique un peu souffrant de corps, je repasse devant toi qui es maintenant *ma jeune et pure conscience*, comment *j'ai tenu la parole* que je t'ai donnée en décembre, au Jardin d'hiver, *de faire un livre par lequel les hommes puissent s'aimer encore* : *L'art d'aimer*, dans le sens le plus général et le plus haut.

J'ai trouvé plus d'un obstacle, et en moi, et dans les choses ; — en moi, disons mieux, en nous. Nous avions tous deux l'âme et la pensée tendues sur un point précis, *l'attente* d'un grand bonheur, moment d'ardeur concentrée où nulle âme ne peut s'étendre assez aux idées, et s'harmoniser au monde. — Égoïsme ? — Oui et non. La nature dont tu parles si bien, l'a voulu ainsi. — Elle concentre, à ce moment, tout l'être dans une flamme, pour le dilater ensuite, le rendre fécond.

J'ai trouvé aussi un obstacle dans les choses,

dans ce qui m'est *extérieur*. J'ai promis un livre, et je fais un cours; — c'est-à-dire que je cherche et pense à travers le bruit, à travers les passions émues; je vais avec précaution, craignant de toucher, de blesser.

Qu'il finisse ce cours, il en est temps; la situation intermédiaire où je suis, nos communications gênées, depuis l'arrivée de ta mère, ne me soutiennent nullement. — Je m'aperçois en ce moment, que, depuis trois mois, ma *force était toute dans la facilité avec laquelle* j'épanchais mon cœur. Je versais dans le tien ma flamme, et la reprenais augmentée. Rends-moi ma vie, rends-moi ma force. Elle n'est plus en moi-même, je ne la retrouverai plus que sur ton cœur et dans tes bras.

C'est près de toi, seul avec toi, dans ce petit jardin secret, au désert d'un quartier perdu, les portes bien closes, qu'oublié, j'oublierai aussi... le monde *moins toi*. Tu es le miroir magique où il m'apparaîtra plus pur et *plus vrai qu'en lui-même*. Par toi, je retrouverai, non l'image seulement, mais la vibration puissante, la féconde électrisation. — Jeune, pure et silencieuse, par la force de ta nature, inconnue à toi-même, ô fleur, tu recommenceras tout en moi.

Oh! que je comprends *l'Orient*, ses jardins rêveurs, ses paradis, comme il les appelle lui-même, — et les puissances mystérieuses que l'amour y donne à l'âme, pour atteindre la nature et Dieu.

L'amour, dit notre Occident, c'est un *nuage* entre Dieu et nous.

Oui, lui répond l'Orient, mais sans ce nuage d'une *Iris* aux mille nuances, vous n'apercevriez jamais le soleil de Dieu !

Montez aux hautes montagnes, plus haut que le nuage, le soleil est une masse de feu qui roule morne et sombre, sans éclat, sans rayon. La nuée qui s'interpose le fait bien mieux voir à la plaine, elle le révèle dans sa véritable puissance, et par la richesse infinie des accidents de sa lumière, elle fait deviner aux hommes la richesse et le trésor de sa force nourricière, de cette chaleur féconde qui fait germer tout ce qui a vie.

J. M.

Mardi, 6. — Hier, inquiet toute la nuit des affaires de mon gendre, je lui en parle pendant notre promenade, et aussitôt elle s'en émeut, et veut que je l'aide[1].

---

1. Depuis vingt ans que nous sommes mariés, malgré tout ce qui a pu la rebuter, l'éloigner à jamais, elle est restée la même pour *lui* à ses moments difficiles; et pour ses enfants une mère. Elles (ses petites filles) devront à son travail, qui a été le plus productif, de s'établir plus facilement, et leur frère lui devra sa position. Qu'aucun d'eux n'oublie son désintéressement. J. M.

Depuis trois mois que je la vois tous les jours, que je l'observe, ce don de bonté qui domine tout me frappe de plus en plus. Elle est bonne, d'une bonté ferme qui n'amollit pas, d'une bonté toujours en éveil, prévoyante, secourable de mille manières. Que de bien elle a déjà fait! Le jour même où notre mariage a été décidé, au lieu de s'envelopper en égoïste — ce qui eût été naturel pourtant — de son bonheur, aussitôt elle m'a dit : « Maintenant que je suis assise dans la vie, il faut que je m'occupe des autres ».

Et tout de suite, sa sollicitude s'est tournée vers les jeunes filles qui professent dans la pension où elle est, plaçant à l'étranger les plus méritantes, qui sont les plus à plaindre, n'ayant aucun esprit d'intrigue.

Dans la vie commune, une bonté qui s'éclaire de tant d'intelligence suffirait à elle seule pour donner le bonheur.

Il y a quelques jours, voulant l'éprouver encore, je lui ai demandé, non sans remords, si notre vie à l'écart du monde ne paraîtrait pas bientôt trop austère à ses vingt ans. Et ceci encore : « Suffirai-je longtemps à votre cœur? Je n'ai pas ce qui pourrait me faire valoir près de vous; mon talent n'est pas populaire, le succès éclatant me manque. Que sera-ce donc dans dix ans, lorsqu'entre mon âge et le vôtre un abîme se creusera rapidement?... » De toutes manières, la question devait lui être cruelle; je ne méritais qu'une chose, les plus sévères reproches.

Voici, pourtant, mot à mot, la réponse qu'elle m'a faite : « Vous me dites souvent que vous ne vivez plus en vous, mais en moi. Je le crois. Mais alors, comment se fait-il que vous ne vous soyez pas encore aperçu du changement profond qui s'est opéré? Il y a trois mois, lorsque nous nous sommes vus pour la première fois, j'avais vingt ans, aujourd'hui j'en ai trente et plus peut-être. Demain, s'il le faut, j'en aurai quarante, pour vous donner toutes les assistances possibles, pour être, selon les jours, *votre femme, votre fille, votre mère*. Aucune de ces trois providences ne vous manquera plus jamais.... Dans les épreuves qui nous attendent, qui sait si la chose douce entre toutes ne sera pas l'*enveloppement maternel*? »

Elle disait cela de sa voix pénétrante, qui remuerait les pierres mêmes. En l'écoutant, je sentais qu'elle avait l'expérience du bien que pouvait faire cette manière d'aimer.

Je me rappelais ses attendrissements, dans la rue Saint-André-des-Arts, lorsqu'elle me parlait de la santé chancelante de son père, des soins qu'elle lui donnait.... De quel accent elle ajoutait : « Nous étions seuls, c'était délicieux!... »

J'aurai encore en elle ce bien inestimable, un

véritable ami; un Poinsot, qui voyait tout en moi, avant moi, et mieux que moi; — un Alfred[1], non pas ce qu'il est devenu, réservé, silencieux, mais ce qu'il était, au premier moment, élancé et confiant en moi....

Jeudi, 8. — Ayant fait tout à l'heure ma dernière leçon du semestre d'hiver, et mon IVe volume de la Révolution n'étant pas encore commencé, j'ai ce bonheur si rare de m'appartenir tout entier. J'en profite pour récapituler les chances diverses de notre si prochaine union... dans *quatre jours*!

Lorsque nous nous sommes vus le 8 novembre, nous avions atteint le point extrême, elle dans la douleur et moi dans la mort. Si je lui ai dû de revivre, j'espère opérer en elle le même miracle. Nulle maladie qui ne se guérisse à son âge. Pour y aider, voici, grâce à Dieu, que tout va changer. Libre et reine, au centre d'un petit monde combiné pour son bonheur, d'où lui viendrait le chagrin? Je pourrai beaucoup pour la rendre heureuse; j'ai mesuré ce que je puis en bien, par ce qu'elle veut bien parfois supporter, en mal, de moi; hier, par exemple, où elle fut si patiente. Mon cœur se fondit à la voir si résignée, si peu rebelle à mon humeur. Ces cas seront rares, j'espère, près d'une personne

---

1. Mon gendre.

si aimée, si charmante, si parfaitement accomplie; mon cœur sera aussi doux qu'il est tendre pour elle.

Oui, elle sera heureuse — heureuse de sentir en tout qu'elle est adorée — heureuse de participer à un grand mouvement d'idées, de travailler, de souffrir, même d'esprit, avec moi. Chaque grand travail est une campagne orageuse dont elle prendra sa part. Emportée dans ce grand courant, si elle souffre, du moins elle ne s'ennuiera jamais. Ne pas s'ennuyer, ici-bas, c'est une des meilleures parts du bonheur.

Sa confiance en moi étant absolue, elle sera dans ma main comme moi dans la sienne, et ce sera peut-être la plus sûre garantie de sa vie. Sous l'œil attentif de celui qui a tant d'intérêt à ce qu'elle vive, nul mal — je l'espère — qui ne puisse être à temps combattu ou prévenu.

Ah! si je pouvais te faire un nid de mon cœur, pour t'abriter, te défendre, t'envelopper tout entière, frêle et cher petit oiseau, tombé si tard dans mon sein!...

Le contraste entre une raison si précoce et un corps si fragile, celui d'un enfant encore, a quelque chose qui surprend toujours et qui inquiète.

Voilà les ombres.

Ce qui me trouble aussi, c'est de pressentir que notre union même accomplie, il restera encore quelque chose entre nous, que la barrière reculée un peu plus loin ne sera pas franchie. Grand et terrible mystère ! qui subsistera peut-être toujours au fond de l'amour, au fond du bonheur[1].

Pour me raffermir dans ces heures d'angoisse, je me dis que toute une existence de la vie la plus tendre, doit mêler les âmes, à la longue, plus sûrement que les plus violents transports de l'amour.

La grâce du ciel, la bonté de Dieu, la sympathie de la nature pour les cœurs qui s'aiment beaucoup, donnent, sans doute, ce doux fondant où l'âpreté disparaît, où la passion perd ce qu'elle a eu à la première heure de destructif et de ténébreux.

10, *samedi soir.* — J'ai trouvé en rentrant une fort belle lettre de Lamennais. Il ne pourra venir lundi, mais, de cœur et d'âme, il sera au milieu de nous. Sa lettre a, tout naturellement, sa place ici

Mon cher Monsieur Michelet,

Puisse l'union que vous allez contracter, et que tant de convenances réciproques préparaient, pour ainsi dire, depuis si longtemps, être bénie là-haut, comme je la bénis dans mon cœur! Lorsque déjà l'on n'a qu'une âme, il est bon de n'avoir aussi qu'un foyer. Oui, sans doute, vous puiserez des forces nouvelles

---

1. Bien des pages, ici, ont passé, en 1858, dans le livre de *l'Amour*, principalement au chapitre écrit pour la veuve, : *l'Amour au-delà de la mort.* Mme J. M.

dans cette douce communauté de vie et de travaux. Défenseur de la cause du peuple, de l'avenir de justice et de fraternité que nous voyons poindre à l'horizon, le bonheur sera, pour vous, un moyen de plus pour accomplir le devoir saint qui est le vrai, le seul but des destinées humaines.

LAMENNAIS.

10 mars 1849.

....Tout à l'heure, en traversant le pont de la Concorde, j'avais à ma droite le couchant. Il était sur les hauteurs de Passy, d'un rouge étrange, splendide et mystérieux, non pas les effets d'une gloire, comme il arrive souvent, mais plutôt celui d'une fournaise sur laquelle aurait plané une trombe vaporeuse et fantastique. Tout ce couchant brûlait, mais dans la vapeur et le rêve.... Vapeur et rêve s'étaient déjà évanouis, quand j'arrivai en face de mon Panthéon, froid, austère, plus que jamais, sous le vent glacé de mars.

Je le saluai ému : « Adieu, sérieux ami, adieu sans rancune. Si j'étais comme toi de pierre et de marbre, si j'avais ta solidité, je me contenterais d'être fort et fixe à la même place, d'être un beau temple éternel.... Je suis un homme et un cœur. Ce cœur, tant de fois blessé et de l'histoire et de lui-même, laisse-le, qu'il lutte encore, qu'il associe sa jeunesse obstinée de sentiments et d'idées, à la jeunesse du temps, qui est en cette *fleur nouvelle*, en ce jeune esprit lumineux, élancé, lui aussi, vers les hautes inspirations. »

.... J'écrivais ceci, quand m'est venu de chez Mickiewicz, un jeune géant polonais, figure militaire et candide qui m'a été d'un bon augure.... O nations, sœurs amies! Que je vive et travaille encore. J'aurai peut-être le bonheur de faire quelque chose pour vous, de mériter pour *elle*, pour moi, vos bénédictions!

Elle n'y eut jamais plus de droit et ne fut plus près de Dieu qu'en ce jour où, d'un grand cœur, elle m'a fait le dernier sacrifice[1], pour que, dans l'acte solennel que je vais accomplir, je reste conséquent avec mon passé. A ce moment, tout le sien a semblé la ressaisir, et, moins par ses paroles qu'à la profonde altération de sa voix, j'ai mesuré la profondeur de son trouble.

Alors, partial pour mes adversaires, j'ai trouvé naturel qu'elle pleurât son passé avant de le quitter pour toujours. J'ai fait plus, j'ai mêlé mes larmes aux siennes.

.... C'est à six heures que je suis rentré, pour l'avant-dernière fois, dans l'appartement où je suis venu en 1836. Nommé au Collège de France en 1838, j'y ai fait tous mes cours. — J'y ai écrit les

[1] De se contenter d'un mariage purement civil.

tomes IV, V et VI de mon *Histoire de France;*
Les Jésuites, le Prêtre, le Peuple;
Les tomes I, II, III de la *Révolution.*

Que de labeurs en douze ans!... que de souvenirs resteront de moi dans cette maison!

J'en ai été déraciné[1] par le brisement de *Juin*, la discorde civile, éclatant sanglante sous mes yeux, enfin, par la conviction douloureuse que les Écoles seraient pour longtemps impuissantes à remplir le rôle de médiateurs près du peuple, que je rêvais pour elles.

Ce lieu, dès lors, ne m'a pas semblé triste seulement, mais encore hostile. J'avais résolu de chercher ailleurs un abri plus propice au travail.

Je vais à celui que j'ai trouvé, non pas seul, mais avec mon nouvel enfant, que la Providence m'a confié. Avec elle je *renouerai* ma vie; en la guérissant, je guérirai moi-même.

11, *dimanche matin.* — Nos quatre témoins seront : pour elle, Béranger et Mickiewicz; pour moi, Quinet et Hector Poret, mon condisciple à Charlemagne, et Poinsot étant mort, mon plus

---

1. La maison, elle aussi, a été mutilée, après avoir passé, toute entière, dans l'établissement des jésuites. L'appartement de M. Michelet, au premier étage, était au coin de la rue d'Ulm et de la rue des Postes, devenue la rue Lhomond aujourd'hui. Le joli jardin a été transformé en cours de récréation. Mme J. M.

ancien ami. Avec lui, c'est toute mon enfance et ma prime jeunesse qui revit.

Quinet vint ensuite. Je l'ai vu pour la première fois, en avril 1824, chez Victor Cousin. Lui, a eu le commencement de ma vie d'homme, et tant qu'il a appartenu à l'Université, le lien a été très fort. Pendant ses absences, j'étais son correspondant, le plus assidûment occupé de ses intérêts.

Depuis qu'il est député et que la politique l'absorbe, nous vivons moins des mêmes pensées; nous nous voyons moins souvent aussi. Mais cela ne porte point atteinte à l'amitié. Elle s'affermit plutôt, par celle que sa femme, l'excellente Mme Mina, une sainte du devoir, donne déjà à celle qui demain portera mon nom. Elles sont dignes l'une de l'autre[1].

J'ai connu Béranger et Lamennais, en leur faisant, de bonne heure, hommage de mes livres.

Grande société pour elle! en y ajoutant M. et Mme de Lamartine qui lui promettent de la venir voir souvent, lorsqu'ils habiteront leur résidence d'été[2].

....*Midi!* — L'heure où demain seront dites les

---

1. Mme Mina, qui était la première femme de M. Quinet, mourut deux ans après notre mariage, en mars 1851. Ce fut mon mari qui parla sur sa tombe et lui donna le suprême adieu, précisément le jour où lui fut signifiée sa suspension du Collège de France.   Mme J. M.

2. Au Bois de Boulogne (Madrid).

graves paroles qui consacrent les unions humaines, îci-bas. Dans les derniers jours qui précèdent la nôtre, je me suis imposé de la laisser dans le calme et le recueillement de ses propres pensées. A part ma lettre du 5, je ne lui ai plus écrit, et je m'abstiens de lui faire lire mon Journal, trop plein d'elle. Nos promenades sont aussi, pour ainsi dire, interrompues. Je dois rester chez moi pour le triage de mes papiers, de mes livres, afin que leur déménagement s'opère en toute sécurité.

Elle est sur sa montagne qui regarde la mienne. Elle y est, seule avec sa mère, avec son rêve, seule avec Dieu.

18 mars 1849, *lundi*. — Le Collège de France, en ses trois professeurs, l'a entourée pendant la cérémonie. Béranger l'avait à son bras, représentant son père, comme il est le nôtre à tous.

Dans cette salle sombre et pauvre du XIIe arrondissement, elle marquait étonnamment dans sa blanche toilette, par sa distinction unique, une reine! ou plutôt, sous la nuée vaporeuse du long voile qui l'enveloppait tout entière, elle se détachait, dans cette demi-nuit, comme une apparition d'au-delà.

Il fallait entendre le son de sa voix, pour être ramené au sentiment de la réalité, et se dire qu'elle appartenait bien à ce monde, qu'elle y était pour accomplir sa vraie mission, ce pourquoi elle est née.

Et cela, dans une simplicité si naturelle, qu'elle touchait, allait au cœur de ceux que la curiosité avait attirés. Tous, à la sortie, lui murmuraient leur admiration, l'accompagnaient de leurs vœux.

La cérémonie achevée, nous sommes allés saluer d'un salut amical notre maison, qui se fait toute poétique pour nous recevoir. Elle a voulu y prendre son premier repas d'épouse, et réchauffer, à *son foyer*, ses pauvres petits pieds, que le carreau glacial avait saisis d'un froid mortel, ce qui est à redouter, pour elle, depuis son accident d'Allemagne.

Il était déjà tard pour un jour gris et très bas, lorsque nous sommes partis pour Versailles.

Le noble hôtel des *Réservoirs* nous a reçus. Adossé au bassin gigantesque qui contient les eaux de la ville, et le domine de trente pieds, l'hiver, il est sérieux et triste. D'un côté, il s'ombrage des vieux ormes qui ont vu passer le règne de Louis XIV; de l'autre, il regarde la montée solennelle du Château, qui semble s'être inspirée de la montée du Capitole.

A l'intérieur, tout réveille le souvenir des grands seigneurs qui l'occupaient avant 89. Partout des boiseries, des glaces, d'un caractère sévère et gracieux.

Avant que la nuit ne vienne, elle a désiré revoir

l'ensemble du parc. Vide de promeneurs, il apparaissait immense. L'infini du désert pour nous seuls. Nous allions émus, silencieux.... La retraite battait au loin. Du côté de la ville, la fin du jour mettait la sourdine aux bruits divers de la vie. Rien de plus mélancolique; je ne dis pas de plus triste.... Non, c'était la mélancolie empreinte d'un caractère religieux que prennent les manifestations de la nature, aux heures indécises qui ne sont plus le jour, et ne sont pas la nuit encore.

Cette haute mélancolie, à laquelle se mêlait la pensée de Dieu, élevait singulièrement nos âmes. Elle s'harmonisait à nos graves circonstances, l'inauguration d'une union éternelle, scellée du contrat de deux volontés, de deux cœurs aussi, vivant désormais l'un pour l'autre, l'un par l'autre, le plus fort devenu, tout à coup, le plus faible, par la tendresse inquiète près de cette *fleur fragile*, qui se remettait confiante.

Crainte devenue superstitieuse, dominant la passion, ajournant le bonheur, à l'heure suprême, ou plutôt, le donnant — mêlé de larmes secrètes — dans la plénitude même du sacrifice.

Elle était si faible encore, qu'un rien pouvait la briser.... Je n'en cueillis que l'âme.

En prenant possession de notre désert, il nous sembla si doux de n'avoir désormais qu'un seul foyer, que nous y vécûmes six mois, tout près l'un de l'autre, dans le travail et la sagesse, comme deux purs esprits.

TABLE DES MATIÈRES

Avant-propos 1

Préface. iii

I. — En Allemagne (1847-1848). 1
II. — L'arrivée à Paris (novembre 1848). 65
III. — Les épreuves (décembre) 91
IV. — Le Collège de France. — L'initiation (janvier 1849). 149
V. — Fluctuations (février 1849). 207
VI. — L'union (mars 1849) 253

Table des matières. 275

39062. — Imprimerie Lahure, 9, rue de Fleurus, à Paris

www.ingramcontent.com/pod-product-compliance
Lightning Source LLC
Chambersburg PA
CBHW060127190426
43200CB00038B/1068